房地产投资对经济增长的影响研究：规模差异、区域差异及空间溢出效应

景 刚 著

中国财经出版传媒集团

中国财政经济出版社

图书在版编目（CIP）数据

房地产投资对经济增长的影响研究：规模差异、区域差异及空间溢出效应/景刚著． ——北京：中国财政经济出版社，2021.9

ISBN 978-7-5223-0465-6

Ⅰ.①房… Ⅱ.①景… Ⅲ.①房地产投资－影响－经济增长－研究－中国 Ⅳ.①F124.1

中国版本图书馆 CIP 数据核字（2021）第 060248 号

责任编辑：田明晖	责任校对：胡永立
封面设计：孙俪铭	责任印制：史大鹏

房地产投资对经济增长的影响研究：规模差异、区域差异及空间溢出效应
FANGDICHAN TOUZI DUI JINGJI ZENGZHANG DE YINGXIANG YANJIU
GUIMO CHAYI QUYU CHAYI JI KONGJIAN YICHU XIAOYING

中国财政经济出版社 出版

URL：http://www.cfeph.cn

E-mail：cfeph@cfeph.cn

（版权所有　翻印必究）

社址：北京市海淀区阜成路甲 28 号　邮政编码：100142
营销中心电话：010-88191522　编辑部门电话：010-88190670
天猫网店：中国财政经济出版社旗舰店
网址：https://zgczjjcbs.tmall.com
北京财经印刷厂印刷　各地新华书店经销
成品尺寸：170mm×240mm　16 开　10.25 印张　200 000 字
2021 年 9 月第 1 版　2021 年 9 月北京第 1 次印刷
定价：45.00 元
ISBN 978-7-5223-0465-6
（图书出现印装问题，本社负责调换，电话：010-88190548）
本社质量投诉电话：010-88190744
打击盗版举报热线：010-88191661　QQ：2242791300

序

改革开放以来，我国经济社会发展取得长足进步，尤其是进入 21 世纪以来，中国经济发展进入了快车道，人们的生活水平、城市建设和社会需求得到快速提升，工业化进程加快，经济集聚效应显现，城市化进程加速。随着经济的发展和城市化进程的加快，房地产市场迎来发展机遇，在住房改革、城市化建设和城镇旧房改造等政策性利好的背景下，房地产投资快速增长，成为带动经济增长的重要元素。房地产投资相关的产业链长，上下游相关行业多，与国民经济多个部门都有着至关重要的关联，作为投资的重要组成部分，其具有拉动经济增长的投资乘数效应。房地产投资增长在城市化建设、扩大内需、稳定就业、提高人们居住条件等方面发挥了积极的作用。

过去 20 年，房地产市场发展如火如荼，可以说是中国房地产业发展的黄金时期，房地产投资的年均名义增长速度接近 20%。房地产投资高增长的背后也隐藏着一些弊端和风险，会带来潜在的金融风险和经济波动风险。中国银保监会主席郭树清在署名文章中称，房地产是现阶段我国金融风险方面最大的"灰犀牛"。过高的房价和过热的房地产投资都会影响正常的经济运行和发展，不可避免的带来一定的负面效应，保持健康的房地产市场对于经济发展具有积极意义。房价的高企和过热的房地产投资，使各级政府多次出台了调控政策，据中原地产研究中心统计数据显示，2019 年全年，全国合计出台的房地产调控政策次数达 620 次，同比 2018 年上涨了 38%，可以说，近 20 年来，特别是 2010 年之后，房地产投资是在政策调控中稳步增长的。

当前中国经济发展进入新常态，传统比较优势日渐弱化，在地缘政治错综复杂、国际贸易争端不断、贸易保护主义抬头的国际大背景下，依靠出口促进经济增长压力加大。在短期内，居民消费率低的局面难以得到根本的改善。作为固定资产投资的重要组成部分，房地产投资作为当前国内稳定经济增长的重要手段还需持续一段时间。房地产投资作为房地产行业发展的引擎，是房地产行业景气度的重要衡量指标，也是国家调控宏观经济的主要对象。房地产投资能够直接或者间接带动上、下游产业的发展，在拉动内需、促进就业、刺激消费、推动城市建设等方面发挥了重要作用。在以往的研究中，学者们更多的关注房地产投资带来的乘数效应、区域经济集聚、城市化等对经济增长的影响，忽视了房地产投资对经济增长的空间溢出效用内在机制与机理的考察。因此，探讨与分析房地产投资空间溢出效应对经济增长的作用机制与机理，及房地产投资要素区际流动与经济增长的内在关系，合理引导房地产投资要素的流向，对于促进我国经济增长，保持经济平稳发展具有重要的现实意义。

作者在梳理国内外专家学者的研究经验、研究成果和主要观点的基础上，依据古典经济学、产业经济学和空间集聚经济学等理论，对与房地产投资和经济增长相关的一些理论做了分析和阐述，就房地产投资对经济增长影响的机制和机理进行了理论探讨与定性分析，并探讨了房地产投资发展现状及其与宏观经济的关系，实证检验了房地产投资与经济增长及房地产投资与三次产业的关系。

作者通过定量分析房地产投资对三次产业的影响、房地产投资规模与增速对经济增长的影响、房地产投资对经济增长空间溢出效应，得出如下结论：房地产投资在国民经济发展过程中占有重要地位，房地产投资的稳定持续增长会直接影响国民经济的稳定、持续和健康发展；房地产投资增速过快对经济增长的促进作用会随之降低；房地产投资要素流动会形成房地产投资空间溢出效应，而空间溢出效应能够有效促进经济增长。根据上述结论，作者提出了相应的对策建议，包括：巩固近年来去库存所取得的成果，并保持房地产投资增速在合理的范围；适度的房地产投资能够为城市提供良好的城市居住环境和城市投资环境，吸引投资和增加就业人口，促进城市化建设；房价调控与房地产投资调控应区别对待，在抑制房价过快上涨时，制定和实施抑制房价过快上涨但不影响房地产投资的政策，充分发挥保障性住房的积极作用；制定区域性房地产政策时，应更多地考虑经济邻近的区域房地产产业链的形成。

该书从理论上探析了房地产投资的空间溢出机制,揭示了房地产投资要素流动引致的空间溢出效应,验证了房地产投资空间溢出效应对经济增长具有促进作用,实证分析了房地产投资对经济增长的规模差异性和区域差异性,并对房地产投资对中国三次产业发展的贡献角度进行定量分析,具有一定的创新性。

综上所述,景刚博士在房地产投资对经济增长影响方面的探索取得了积极的成果,是值得肯定的,可喜可贺。科研无止境,潜心研究探索对现实生活有充分解释力、与时俱进、科学的经济理论是伟大而艰巨的历史使命,我很高兴的看到景刚博士能够勇敢地担负使命,衷心祝愿他能继续努力,实现他人生抱负并取得优异成绩,创造出更多、更新、更有分量的学术成果。

是为序。

王立国
东北财经大学教授、博士生导师
2020 年冬月于东北财经大学师贤居

摘　　要

进入21世纪以来，中国城市化进程加快，住房改革、城市化建设和城镇旧房改造给房地产市场带来发展机遇，也进一步刺激了房地产投资，房地产投资也在一定程度上带动和支撑了中国经济的稳步发展。房地产投资相关的产业链长，上下游相关行业多，与国民经济多个部门都有着至关重要的关联，作为投资的重要组成部分，房地产投资具有拉动经济增长的投资乘数效应。房地产投资增长在城市化建设、拉动内需、提供就业岗位、提高人们居住条件等方面发挥了重要作用。过去20年，可以说是中国房地产业发展的黄金时期，房地产投资的年均名义增长速度接近20%，虽然当前房地产投资增速放缓，但房地产投资在全社会固定资产投资额和国内生产总值中均占有较高的比重，在国民经济发展的过程中占有重要地位，房地产投资的稳定持续增长会直接影响国民经济稳定和持续、健康发展。但同时也应看到，房地产投资高增长的背后也隐藏着一些弊端和风险，会带来潜在的金融风险和经济波动风险。1990年日本房地产业泡沫对日本经济的拖累，2007年美国房地产泡沫间接引发了全球金融危机，这些足以说明，房地产业的非理性发展会对经济稳定发展带来负面影响。

近些年来，国内房地产市场发展如火如荼，由于房价的高企和过热的房地产投资，各级政府也多次出台了调控政策。针对房地产投资到底与经济发展有什么样的联系、对经济增长是正向还是负面影响等方面问题，国内的专家学者进行了大量的研究，但仍然存在一些问题尚未得到很好的解决，如定量分析房地产投资对三次产业的影响、房地产投资规模与增速对经济增长的影响、房地产投资空间溢出效应的机制与机理等。本书在国内外理论研究和实践研究基础上，通过定性和定量研究相结合的方法，针对中国房地产投资对经济增长的影响进行探索，主要从以下五个方面展开：

(1) 绪论、文献综述、理论基础和作用机制分析。这是本书研究的指导思想和研究基础，绪论部分主要阐述了本书的研究背景、研究意义、研究内容、研究方法和创新点等；文献综述部分主要总结和梳理了前人的研究经验、研究成果和主要观点，并进行了简要分析评述；理论基础部分主要对与房地产投资和经济增长相关的一些理论做了分析和阐述，包括古典经济学、产业经济学和空间集聚经济学等，为后续研究提供理论支持；作用机制部分主要就房地产投资对经济增长影响的机制和机理进行理论探讨与定性分析，为后续研究提供逻辑支持。

(2) 房地产投资发展现状及其与宏观经济的关系。该部分首先回顾了中国房地产市场发展历程，并分析了我国房地产投资的发展现状，然后实证检验了房地产投资与 GDP、房地产投资与三次产业的关系。研究表明，房地产投资在国民经济中占有重要地位，二者具有长期均衡关系，且房地产投资与 GDP 短期相互影响显著，房地产投资对三次产业贡献明显，工业化发展即第二产业的发展促进房地产投资增长。

(3) 房地产投资对经济增长的规模差异分析。该部分基于 2000—2017 年中国 31 个省市数据建立面板门限模型，实证分析房地产投资在不同规模、不同增速、不同经济发展水平下对中国经济增长影响的差异。结果表明：房地产投资对中国经济增长影响显著，但随着经济发展水平的提高，房地产投资对经济增长的影响降低，并且房地产投资增速过快对经济增长呈现明显抑制作用。

(4) 分区域分时段对比研究房地产投资对经济增长影响的差异。该部分基于 2000—2017 年中国 31 个省市面板数据，全样本、分地区、分地区分时段分别建立模型，实证分析房地产投资对中国经济增长影响的差异性。结果表明：房地产投资对中国经济增长影响在经济相对发达的东部地区和中部地区较高，2008 年后对经济增长的影响东部地区变化不大，中部地区明显升高，而西部地区下降较为明显。

(5) 房地产投资对经济增长的空间溢出效应研究。该部分首先就房地产投资对经济增长空间溢出效应的机制与机理进行了理论分析和探讨，然后基于 2000—2017 年中国 31 个省市数据建立面板空间模型，实证分析了房地产投资对中国经济增长的空间溢出效应。结果表明，房地产投资对于经济增长具有空间溢出效应，房地产投资要素（这里指与房地产业相关的上下游产业链及其人力、资本、技术、产品等）流动引致房地产投资空间溢出效应。

本书的研究结论如下：

房地产投资在国民经济发展过程中占有重要地位，房地产投资的稳定持续增长会直接影响国民经济的稳定、持续和健康发展；房地产投资增速过快对经济增长的促进作用降低；房地产投资要素流动会形成房地产投资空间溢出效应，而空间溢出效应能够有效促进经济增长。

据此本书提出如下对策建议：

（1）受国际经济环境不景气影响，当前中国经济面临较大的下行压力，发挥固定资产投资在推动经济增长中的关键性作用势在必行。房地产投资作为固定资产投资的重要组成部分，应当保持适当的增长速度。适当的房地产投资增速有利于扩大内需，巩固近年来去产能所取得的成果，有利于缓解经济下行压力。

（2）城市化的持续推进必然会带动城市房地产需求的增加，房地产投资应与城市发展相匹配。适当的房地产投资能够为城市提供良好的城市居住环境和城市投资环境，吸引投资和增加就业人口，促进城市化建设。

（3）依据区域经济发展水平，应实施差别化的政策，合理控制房地产投资规模并采取区域性的房地产调控政策。房价调控与房地产投资调控应区别对待，在抑制房价过快上涨时，制定和实施抑制房价过快上涨但不影响房地产投资的政策，充分发挥保障性住房的积极作用。

（4）房地产投资具有空间溢出效应，是基于地区间的房地产投资要素的流动来实现的，未来房地产市场调控政策的制定应充分考虑其空间溢出效应及结构异质性，特别是制定区域性房地产政策时，应更多地考虑经济邻近的区域房地产产业链的形成。

（5）房地产投资对国民经济短期波动影响较大，过快或过慢的房地产投资增速都预示着产业结构失衡、经济发展的低效率，房地产市场暴涨暴跌，都会对经济发展带来严重干扰。所以保持平稳的房地产投资对促使中国经济平稳快速增长具有积极意义。

本书创新点为：

（1）本书从理论上探析了房地产投资空间溢出机制，揭示了房地产投资要素流动引致的空间溢出效应，验证了房地产投资空间溢出效应对经济增长具有促进作用。

（2）本书实证分析了房地产投资对经济增长的规模差异性和区域差异性，发现房地产投资对经济增长具有明显的正向效应，但随区域经济发展水平的提高或房地产投资增速过快，其影响效应下降。

（3）本书从房地产投资对中国三次产业发展的贡献角度进行定量分析，发现房地产投资对三次产业均具有正向影响，其中对第二产业的贡献要大于第一产业、第三产业。

关键词：房地产投资，经济增长，规模差异，区域差异，空间溢出效应

Abstract

Since the beginning of the 21st century, China's urbanization process has accelerated. Housing reform, urbanization, and the reconstruction of old urban houses have brought development opportunities to the real estate market, and have stimulated real estate investment. Real estate investment has also driven and supported the Chinese economy to a certain extent. The industry chain related to real estate investment is long, with many upstream – and downstream – related industries. Real estate has vital links with many sectors of the national economy. As an important component of overall investment in China, real estate financing has an investment multiplier effect that drives economic growth. The growth of real estate investment has also played an important role in urbanization, stimulating domestic demand, providing jobs, and improving people's living conditions. The past 20 years can be seen as a golden period for the development of China's real estate industry, with an average annual nominal growth rate of real estate investment close to 20%. Although the current growth rate of real estate investment has slowed down compared to previous years, real estate investment occupies a relatively high proportion in the total investment in fixed assets and gross domestic product, and plays an important role in the country's economic development. The stable and sustained growth of real estate investment directly affects the stability, sustainability, and healthy development of the national economy. However, at the same time, there are certain disadvantages and risks associated with the high growth of real estate investment, including potential financial and economic fluctuation risks. For example, the real estate bubble in Japan in 1990 caused the Japanese economy to slump, and the 2007 US real estate bubble indirectly triggered the global financial crisis. Thus, unchecked development of the real estate industry can bring about negative impacts on the stable development of the overall economy.

In recent years, the domestic real estate market has been developing significantly. However, due to high housing prices and excessive real estate investment, governments at all levels have also issued a number of regulatory policies. Extensive research has been conducted by domestic experts and scholars with respect to how real estate investment relates to economic development, and whether it has a positive or negative impact on economic growth. However, there are still some approaches that have not been utilized, such as quantitative analysis. For example, the impact of real estate investment on the three industries, the impact of real estate investment scale and growth rate on economic growth, and the mechanism of real estate investment space spillover effects. Based on theoretical and empirical research conducted in China and abroad, this paper uses a combination of qualitative and quantitative research to conduct in-depth research into the impact of Chinese real estate investment on economic growth. It proceeds according to five main sections:

(1) *Introduction, literature review, theoretical basis, and analysis of the action mechanism.* These sections provide the guiding ideology and research basis for the article. The introduction section mainly explains the research background, significance, content, methods, and contributions of the article. The literature review section summarizes and delineates previous research and the main viewpoints elucidated, and provides a brief analysis and commentary on the topic at hand. The theoretical basis section analyzes and explains several theories related to real estate investment and economic growth, including classical economics, industrial economics, spatial agglomeration economics, etc. The action mechanism section mainly discusses, theoretically and qualitatively, the mechanism underlying the impact of real estate investment on economic growth, and provides logical directions for subsequent research.

(2) *The status of real estate investment development and its relationship with the macro economy.* This part first reviews the development history of China's real estate market, and the development status of China's real estate investment, and

then empirically tests the relationship between real estate investment and GDP, and real estate investment and the three industries. Research has shown that real estate investment occupies an important position in the national economy, and has a long – term equilibrium relationship therewith. Real estate investment and GDP have significant short – term interactions with each other, and real estate investment has contributed significantly to the three industries.

(3) *Analysis of the scale difference of real estate investment to economic growth.* This part establishes a panel threshold model based on data from 31 provinces and cities in China from 2000 to 2017, and analyzes differences in the impact of real estate investment on China's economic growth according to different scales, different growth rates, and different levels of economic development. The results show that the impact of real estate investment on China's economic growth has been significant, but as the level of economic development has increased, the impact of real estate investment on economic growth has decreased. Further, the excessively rapid growth of real estate investment has significantly inhibited economic growth.

(4) *Comparative study of the impact of real estate investment on economic growth by region and time.* This part is again based on the panel data for the 31 provinces and cities in China from 2000 to 2017. Models are established for all samples, different regions, and different regions at different times to empirically analyze the impact of real estate investment on China's economic growth. The results show that the impact of real estate investment on China's economic growth has been higher in the relatively more developed eastern and central regions. After 2008, the impact on economic growth did not change much in the eastern region, increased significantly in the central region, and declined in the western region.

(5) *Study of the spatial spillover effect of real estate investment on economic growth.* This part first analyzes and discusses the mechanism behind real estate investment's spatial spillover effect on economic growth; it then builds a panel space model based on data from 31 provinces and municipalities in China from 2000 to 2017, and empirically analyzes the space spillover effect of real estate investment on China's economic growth. The results show that real estate investment has had a spatial spillover effect on economic growth, and the flow of real

estate investment elements (here, the upstream and downstream industrial chains related to the real estate industry and their human, technology, and product capital) has caused spatial spillover effects on real estate investment.

The conclusions of this article are as follows:

Real estate investment plays an important role in the development of the national economy in China. The stable and sustained growth of real estate investment directly affects the stability, sustainability, and healthy development of the national economy, while excessively rapid growth of real estate investment reduces the promotion of economic growth. Furthermore, the flow of real estate investment factors has a spatial spillover effect from real estate investment, and this effect in turn promotes economic growth.

Based on this, the following suggestions are proposed:

(1) Affected by the downturn in the international economic environment, the Chinese economy is currently facing great downward pressure, and it is imperative that fixed asset investment is leveraged as a key in promoting economic growth. As an important part of fixed asset investment, real estate investment should maintain an appropriate growth rate. Such growth rate will be conducive to expanding domestic demand, consolidating the achievements made in recent years regarding reductions in production capacity, and alleviating downward pressure on the economy.

(2) The continuous advancement of urbanization will inevitably lead to an increase in urban real estate demand. Real estate investment should be matched with urban development. Appropriate real estate investment can ensure cities offer good urban living environments and urban investment environments, attracting more labor and investment enterprises.

(3) According to the level of regional economic development, differentiated policies should be implemented, the scale of real estate investment should be reasonably controlled, and regional real estate control policies should be adopted. The regulation of housing prices should be treated differently compared to that of real estate investment. Policies to curb excessive increases in housing prices without affecting real estate investment can be formulated and implemented, and

the positive role of affordable housing can be brought into full play.

(4) Real estate investment has a spatial spillover effect, which is realized based on the flow of real estate investment factors between regions. The formulation of future real estate market regulation policies should fully consider this spatial spillover effect and the structural heterogeneity of the industry. In addition, when forming such policies more consideration should be given to developing the real estate industry chain in economically adjacent regions.

(5) Real estate investment has a large impact on short – term fluctuations in the national economy. Overly large or small growth rates in real estate investment indicate an imbalance in the industrial structure and inefficient economic development. In addition, any sharp rise or fall in the real estate market will seriously disrupt economic development. Therefore, maintaining stable real estate investment is key to promoting the steady and rapid growth of China's economy.

The contributions of this article are as follows:

(1) The paper theoretically analyzes the real estate investment spatial spillover mechanism and empirically analyzes the spatial spillover effect caused by the flow of real estate investment factors. It also verifies that the real estate investment space spillover effect can promote economic growth.

(2) The paper uses the threshold effect model to empirically analyze the scale difference of real estate investment on economic growth from three perspectives. It finds that real estate investment has a significant positive effect on economic growth, but when the level of economic development is higher or the growth rate of real estate investment, the impact of real estate investment on economic growth decreases.

(3) The paper quantitatively analyzes the contribution of real estate investment to the development of the three industries in China. It is found that the contribution of real estate investment to the secondary industry is greater than that to the primary and tertiary industries.

Keywords: real estate investment, economic growth, scale difference, regional difference, space spillover effect

目　　录

第 1 章　绪论 ……………………………………………………………（ 1 ）
　1.1　选题背景 …………………………………………………………（ 1 ）
　1.2　研究意义 …………………………………………………………（ 2 ）
　　1.2.1　理论意义 ……………………………………………………（ 2 ）
　　1.2.2　实践意义 ……………………………………………………（ 3 ）
　1.3　研究思路与方法 …………………………………………………（ 3 ）
　　1.3.1　研究思路 ……………………………………………………（ 3 ）
　　1.3.2　研究方法 ……………………………………………………（ 4 ）
　1.4　研究内容和框架 …………………………………………………（ 5 ）
　1.5　研究创新 …………………………………………………………（ 8 ）

第 2 章　文献综述 ………………………………………………………（ 9 ）
　2.1　房地产投资与经济增长 …………………………………………（ 9 ）
　2.2　房地产投资与相关产业 …………………………………………（ 15 ）
　2.3　房地产投资与区域经济 …………………………………………（ 16 ）
　2.4　房地产投资空间溢出效应 ………………………………………（ 17 ）
　2.5　文献述评 …………………………………………………………（ 19 ）

第 3 章　理论基础及作用机制 …………………………………………（ 21 ）
　3.1　理论基础 …………………………………………………………（ 22 ）
　　3.1.1　哈罗德—多马经济增长理论 ………………………………（ 22 ）
　　3.1.2　新古典经济增长理论的房地产投资理论 …………………（ 23 ）
　　3.1.3　城市化、集聚经济的房地产投资理论 ……………………（ 25 ）
　　3.1.4　投资乘数效应的房地产投资理论 …………………………（ 26 ）

3.2 房地产投资对经济增长的影响机理分析 …………………（ 28 ）
    3.2.1 房地产投资对经济增长的促进作用 ……………（ 28 ）
    3.2.2 房地产投资对经济增长的抑制作用 ……………（ 33 ）
    3.2.3 房地产政策对房地产投资促进经济增长的
          保障作用 ……………………………………………（ 34 ）
3.3 本章小结 ……………………………………………………（ 35 ）

第4章 房地产投资与宏观经济关系研究 ………………………（ 37 ）
4.1 中国房地产投资发展现状分析 ……………………………（ 37 ）
    4.1.1 中国房地产市场发展历程 ………………………（ 37 ）
    4.1.2 中国房地产投资发展现状 ………………………（ 39 ）
4.2 房地产投资与经济增长关系分析 …………………………（ 42 ）
    4.2.1 理论分析 …………………………………………（ 43 ）
    4.2.2 数据选取与处理 …………………………………（ 44 ）
    4.2.3 房地产投资与GDP的协整检验 …………………（ 44 ）
    4.2.4 房地产投资与GDP短期影响关系分析 …………（ 46 ）
4.3 房地产投资与三次产业关系分析 …………………………（ 52 ）
    4.3.1 理论分析与研究假设 ……………………………（ 53 ）
    4.3.2 数据选取与处理 …………………………………（ 54 ）
    4.3.3 房地产投资与三次产业相互影响关系的
          实证检验 ……………………………………………（ 55 ）
4.4 本章研究结论 ………………………………………………（ 66 ）

第5章 房地产投资对经济增长的规模差异性研究 ……………（ 67 ）
5.1 计量模型设定与变量度量 …………………………………（ 68 ）
    5.1.1 计量模型设定 ……………………………………（ 68 ）
    5.1.2 变量度量 …………………………………………（ 70 ）
5.2 单位根检验和描述性统计 …………………………………（ 71 ）
    5.2.1 面板单位根检验 …………………………………（ 71 ）
    5.2.2 变量描述性统计 …………………………………（ 72 ）
5.3 实证分析 ……………………………………………………（ 73 ）

5.3.1　不同规模的房地产投资对经济增长的影响 ……（73）
　　5.3.2　不同增速的房地产投资对经济增长的影响 ……（76）
　　5.3.3　不同经济发展水平下的房地产投资对经济
　　　　　增长的影响 ………………………………………（78）
5.4　本章研究结论 …………………………………………（80）

第6章　房地产投资对经济增长的区域差异性研究 …………（81）
6.1　计量模型设定与变量度量 ……………………………（82）
　　6.1.1　计量模型设定 ………………………………………（82）
　　6.1.2　变量度量 ……………………………………………（83）
6.2　单位根检验与描述性统计 ……………………………（84）
　　6.2.1　面板单位根检验 ……………………………………（84）
　　6.2.2　变量描述性统计 ……………………………………（86）
6.3　实证分析 ………………………………………………（86）
　　6.3.1　全样本实证分析 ……………………………………（87）
　　6.3.2　分地区实证分析 ……………………………………（88）
　　6.3.3　分时段实证分析 ……………………………………（90）
　　6.3.4　分地区分时段实证分析 ……………………………（91）
6.4　本章研究结论 …………………………………………（93）

第7章　房地产投资对经济增长的空间溢出效应研究 ………（94）
7.1　房地产投资空间溢出效应 ……………………………（95）
7.2　计量模型设定和变量度量 ……………………………（102）
　　7.2.1　空间计量模型设定 …………………………………（102）
　　7.2.2　变量度量 ……………………………………………（104）
7.3　单位根检验和描述性统计 ……………………………（107）
　　7.3.1　面板单位根检验 ……………………………………（107）
　　7.3.2　变量描述性统计 ……………………………………（108）
7.4　实证分析 ………………………………………………（109）
　　7.4.1　房地产投资对经济增长的面板空间效应 …………（109）
　　7.4.2　稳健性检验 …………………………………………（112）

7.5 本章研究结论 …………………………………………… (114)

第8章 结论、建议和研究展望 ……………………………… (116)
   8.1 研究结论 ………………………………………………… (116)
   8.2 对策建议 ………………………………………………… (119)
   8.3 研究不足 ………………………………………………… (122)
   8.4 研究展望 ………………………………………………… (122)

参考文献 ……………………………………………………………… (123)

博士在读期间发表的科研成果 ……………………………………… (137)

后记 …………………………………………………………………… (139)

图 目 录

图 1-1 本书研究的技术路线 …………………………………（ 7 ）
图 3-1 基于乘数效应的房地产投资传导机制 ………………（ 27 ）
图 3-2 房地产投资资金运营流转路径 ………………………（ 32 ）
图 4-1 2000—2018 年中国房地产投资水平 …………………（ 40 ）
图 4-2 2000—2018 年中国国内生产总值、房地产投资
　　　 名义增长率 …………………………………………（ 41 ）
图 4-3 2000—2018 年中国房地产投资占国内生产
　　　 总值比重 ……………………………………………（ 41 ）
图 4-4 2000—2018 年房地产投资占全社会固定资产
　　　 投资比重 ……………………………………………（ 42 ）
图 4-5 VAR 模型平稳性 AR 根检验结果（1） ………………（ 49 ）
图 4-6 DLNGDP_D11 对 DLNFDC_D11 的脉冲响应 ………（ 49 ）
图 4-7 DLNFDC_D11 对 DLNGDP_D11 的脉冲响应 ………（ 49 ）
图 4-8 DLNFDC_D11 对 DLNGDP_D11 的贡献度 …………（ 50 ）
图 4-9 DLNGDP_D11 对 DLNFDC_D11 的贡献度 …………（ 51 ）
图 4-10 VAR 模型平稳性 AR 根检验结果（2） ……………（ 58 ）
图 4-11 DLNGDP1_D11 对 DLNFDC_D11 的脉冲响应 ……（ 60 ）
图 4-12 DLNGDP2_D11 对 DLNFDC_D11 的脉冲响应 ……（ 60 ）
图 4-13 DLNGDP3_D11 对 DLNFDC_D11 的脉冲响应 ……（ 61 ）
图 4-14 DLNFDC_D11 对 DLNGDP1_D11 的脉冲响应 ……（ 62 ）
图 4-15 DLNFDC_D11 对 DLNGDP2_D11 的脉冲响应 ……（ 62 ）
图 4-16 DLNFDC_D11 对 DLNGDP3_D11 的脉冲响应 ……（ 62 ）
图 4-17 DLNFDC_D11 对 DLNGDP1_D11 的贡献度 ………（ 63 ）
图 4-18 DLNFDC_D11 对 DLNGDP2_D11 的贡献度 ………（ 63 ）

图 4 - 19　DLNFDC_D11 对 DLNGDP3_D11 的贡献度 ……………（64）
图 4 - 20　DLNGDP1_D11 对 DLNFDC_D11 的贡献度 ……………（64）
图 4 - 21　DLNGDP2_D11 对 DLNFDC_D11 的贡献度 ……………（64）
图 4 - 22　DLNGDP3_D11 对 DLNFDC_D11 的贡献度 ……………（64）

表 目 录

表 4-1　变量单位根检验结果（1）……………………………（45）

表 4-2　Lag length Criteria 输出 VAR 模型最优滞后
　　　　结果（1）……………………………………………（47）

表 4-3　变量 DLNFDC_D11 与 DLNGDP_D11 的 VAR 模型
　　　　估计结果………………………………………………（47）

表 4-4　变量单位根检验结果（2）……………………………（56）

表 4-5　Lag length Criteria 输出 VAR 模型最优滞后
　　　　结果（2）……………………………………………（57）

表 4-6　变量 DLNFDC_D11、DLNGDP1_D11、DLNGDP2_D11、
　　　　DLNGDP3_D11 的 VAR 模型估计结果………………（57）

表 4-7　DLNFDC_D11 与 DLNGDP1_D11、DLNGDP2_D11、
　　　　DLNGDP3_D11 的格兰杰因果检验结果………………（58）

表 5-1　面板单位根检验结果（1）……………………………（72）

表 5-2　变量描述性统计分析结果（1）………………………（72）

表 5-3　门限检验结果——用房地产投资占全社会固定资产
　　　　投资比重 m 作门限变量……………………………（74）

表 5-4　不同规模的房地产投资对经济增长影响面板门限
　　　　模型回归结果…………………………………………（75）

表 5-5　门限检验结果——用房地产投资指数衡量房地产
　　　　投资增速………………………………………………（76）

表 5-6　不同增速的房地产投资对经济增长影响面板门限模型
　　　　回归结果………………………………………………（77）

表 5-7　门限检验结果——用人均 GDP 取对数作门限变量衡量
　　　　经济发展水平…………………………………………（78）

表5-8 不同经济发展水平下的房地产投资对经济增长影响面板
门限回归结果 ……………………………………………（79）
表6-1 面板单位根检验结果（2） ………………………………（85）
表6-2 变量描述性统计分析结果（2） …………………………（86）
表6-3 2000—2017年全样本面板数据回归结果 ………………（87）
表6-4 2000—2017年分地区面板数据回归结果 ………………（89）
表6-5 2000—2017年分时段面板数据回归结果 ………………（90）
表6-6 2000—2017年分地区分时段面板数据回归结果 ………（91）
表7-1 面板单位根检验结果（3） ………………………………（108）
表7-2 变量描述性统计分析结果（3） …………………………（108）
表7-3 基于距离权重矩阵面板空间模型回归结果………………（109）
表7-4 基于距离权重矩阵PSARM模型的直接效应、
间接效应和总效应 ………………………………………（111）
表7-5 基于相邻权重矩阵面板空间模型回归结果………………（112）
表7-6 基于相邻空间权重矩阵PSARM模型的直接效应、
间接效应和总效应 ………………………………………（114）

第 1 章

绪　　论

1.1　选题背景

改革开放以来,中国的房地产行业发展迅速,房地产投资作为房地产行业发展的引擎,一直受到社会各界的关注。房地产投资相关的产业链长,上下游相关行业多,与国民经济多个部门都有着至关重要的关联,作为投资的重要组成部分,房地产投资具有拉动经济增长的投资乘数效应。房地产投资增长在城市化建设、拉动内需、提供就业岗位、提高人们居住条件等方面发挥了重要作用。随着中国房地产行业的快速发展,房地产投资已成为促进中国经济增长不可忽视的重要因素。

进入 21 世纪以来,中国城市化进程加快,住房改革、城市化建设和城镇旧房改造给房地产市场带来发展机遇,也进一步刺激了房地产投资,房地产投资也在一定程度上带动和支撑了中国经济的稳步发展。过去 20 年,可以说是中国房地产业发展的黄金时期,房地产投资的年均名义增长速度接近 20%。1998 年住房制度改革,全面停止住房实物分配、实行住房分配货币化,标志着中国房地产进入完全市场化阶段。尽管近几年房地产投资增速有所下降,2015 年降到最低的 0.99%,在 2016 年房地产投资增速回到 6.88%,2018 年回升到 9.53%。但是房地产投资占固定资产投资总额比重一直维持较高的水平,2011 年房地产投资占全社会固定资产投资比重为最高,达到了 19.84%,2015—2017 年该比重下降较多,维持在一个较低水平，但也依然达到16.91%，到2018年该比重有所回升，达到了18.63%。另外，房地产投资占国内生产总值比重由2000年的4.97%，到2014年达到最高值14.82%，之后略有下滑，但也稳定在13.36%~13.99%。当前房地产投资增速放缓，但房地产投资在全社会固定资产投资额和国内生产总值中均占有较高的比重，在国民经济发展的过程中占有重要地位，房地产投资的稳定持续增长会直接影响国民经济稳定、持续和健康发展。

同时也应看到，房地产投资高增长的背后也孕育着一些弊端和风险，带来潜在的金融风险和经济波动风险。1990年日本的房地产业泡沫对日本经济的拖累，2007年美国房地产泡沫间接引发了全球金融危机，这些足以说明，房地产业的非理性发展对经济稳定发展所带来的负面影响。另外，由于房地产投资会对社会资金、社会资源等其他经济要素带来一定的挤占效应，同时还容易引发贫富差距增大等民生问题，所以非理性发展的房地产投资对经济增长具有一定破坏效应。

因此，有必要深入研究房地产投资对经济增长的影响，本书深入分析了房地产投资对经济增长的区域差异影响、规模差异影响和空间溢出效应，试图找出适合当前房地产投资与经济发展相匹配的对策和建议。

1.2 研究意义

1.2.1 理论意义

本书通过对比分析房地产投资对经济增长影响的区域差异和规模差异，研究房地产投资对经济增长的影响，从多角度视角分析和验证了房地产投资对经济增长影响的差异性，为不同经济发展水平和不同房地产投资规模情形下实施不同的房地产调控政策提供了理论依据。

本书利用集聚经济学理论推导论证了房地产投资对经济增长的空间溢出效应，并采用中国2000—2018年31个省份年度面板数据对房地产投资对经济增长影响的空间溢出效应进行检验。通过理论证明并利用计量模型检验了房地产投资的空间溢出效应来源于房地产投资要素的流动，房地产投资要素的流动能够促进经济增长。本书借鉴集聚经济学理论推导论证房地产投资对经济增长的空间溢出效应，从理论上证明了房地产投资具有空间溢出效应，具有一定的理论意义。

1.2.2 实践意义

中国房地产投资在一定程度上促进了中国经济增长，同时也应看到非理性的房地产投资对经济增长的挤出效应。本书通过探讨房地产投资影响中国经济增长的方式、内容和方向，深入分析房地产投资影响中国经济增长影响的区域差异、规模差异和空间溢出效应，研究房地产投资与经济增长的相互影响的内在动力，试图找出房地产投资对经济增长的内在规律和促进方式，合理引导房地产要素的流向，并为合理发展房地产投资和稳定经济增长提出合理化建议，对于促进中国经济增长，保持经济平稳发展具有重要的实践意义。

1.3 研究思路与方法

1.3.1 研究思路

近些年来，由于房价的高企和过热的房地产投资，各级政府也多次出台调控政策。针对房地产投资到底与经济增长有什么样的联系、对经济增长是正向还是负面影响等方面问题，国内的专家学者进行了大量的研究，但仍然存在一些问题尚未得到很好的解决，如房地产投资规模与增速对经济增长的差异影响、基于分时段的房地产投资对经济增长影响的区域差异性、房地产投资空间溢出效应的机制与机理等。本书在国内外理论研究和经验研究的基础上，通过定性分析和定量研究相结合的方法，针对中国房地产投资对经济增长的规模差异、区域差异及空间溢出效应进行深入研究，主要包括以下四个方面：①房地产投资与经济增长的长期、短期的关系如何？②房地产投资是否规模越大、增速越快对经济增长的影响就越大？③房地产投资对经济增长影响是否存在区域差异性，差异性多大？④房地产投资对经济增长是否具有空间溢出效应，以及房地产投资对经济增长的空间溢出的机制机理是什么？针对当前房地产投资对经济增长的影响有多种看法，有些学者认为房地产投资会对经济增长带来积极影响，应该大力发展，亦有学者认为房地产投资对其他投资、消费、人力资源等方面带来挤出效应，会在一定程度上遏制经济增长；还有些学者认为当前房地产市场已趋饱和，应该控制房地产投资的增长，但是也有学者提出，在未来一段时间内中国房地产市场还大有空间，房地产需求短时间内不会萎缩，还需一定增速的房地产投资来满足市场需求。基于此，本书就中国房地产投资对经济增长影响进行理论分析和文献梳理，采集中国国家统计局官网发布的相关数据，基于规模差异、区域差异、空间溢出效应视角就房地产投资对经济增长的影响进行实证分析。

1.3.2 研究方法

本书运用多种研究方法，对房地产投资与经济增长的相互关系及其协调发展进行了深入探讨。本书在研究过程中注意理论分析和实证分析相结合，定性分析和定量分析相结合，依据新古典经济学、产业经济学、空间集聚经济学等理论就房地产投资对经济增长影响进行理论分析，探讨房地产投资影响经济增长机制和机理；在此基础上通过协整检验、VAR 模型、面板门限回归、面板空间溢出模型等计量分析技术，对房地产投资对经济增长的影响进行实证检验。具体而言，本书主要采用了如下研究方法：

（一）统计分析法

通过对房地产投资的规模、速度等与经济增长进行描述性分析，进而分析研究房地产投资与经济增长之间的数量关系，认识和揭示房地产投资与经济增长之间的相互关系、变化规律和发展趋势，借以达到对房地产投资与经济增长之间影响关系的正确解释，为后续实证分析提供现实依据。

（二）计量研究法

本书在相关理论基础上，通过协整分析、VAR 模型、脉冲响应、格兰杰（Granger）因果检验、一般面板模型、面板门限模型、面板空间溢出模型等多种计量分析技术，从时间、空间、规模、速度等多角度对房地产投资对经济增长的影响进行实证研究。

（三）比较研究法

本书利用面板数据比较分析了不同区域、不同时间段房地产投资对经济增长的影响，比较了东部、中部和西部地区房地产投资对经济增长的影响程度。同时建立VAR模型，通过脉冲响应和方程分解等研究方法比较分析了房地产投资对第一产业、第二产业、第三产业的贡献。

1.4 研究内容和框架

房地产投资是以房地产为对象，对土地和房地产开发、房地产经营，以及购置房地产等经营活动进行的投资，从而获得预期投资收益。房地产投资形式多种多样，本书所研究的房地产投资为房地产开发投资，主要包含房地产住宅投资、房地产办公楼投资、房地产商业用房投资和其他房地产投资。有学者认为以支出法计量国内生产总值时房地产投资中土地费用不计入固定资本总额，不应考虑土地费用的影响，故在相关研究中计量房地产投资时剔除了土地费用。但本书考虑到房地产投资中土地费用虽然不计入固定资本总额，但是土地费用直接转化为地方财政的土地出让收入，而土地出让收入作为地方财政重要来源之一，其主要用途为财政购买支出，其中大部分作为市政建设投资进行再投资，土地费用到政府购买支出及其带来的乘数效应应被认为房地产投资带来的乘数效应，在计量房地产投资时应考虑土地费用的影响，不应剔除，故本书的房地产投资包含了土地费用。

经济增长是指一个国家或地区生产的物质产品和服务的持续增加，它意味着经济规模和生产能力的扩大，可以反映一个国家或地区经济实力的增长。一般用国内生产总值或国民生产总值来测量，本书主要用国内生产总值和国内生产总值指数来测量或代替经济增长情况。

房地产投资对经济增长的规模差异为房地产规模的不同对经济增长带来的影响差异，本书选用房地产投资占全社会固定资产投资比重、房地产投资增速分别作门限变量来衡量房地产投资的规模。

房地产投资对经济增长的区域差异为房地产投资在不同地区对经济增长影响的差异。关于区域的划分，本书选择中国具有代表性的三大区域：东部地区、中部地区和西部地区，采用国家统计上东中西部的划分标准，东部地区包括北京、天津、河北、辽宁、上海、江苏、浙江、福建、山东、广东、海南11个省市，中部地区包括山西、吉林、黑龙江、安徽、江西、河南、湖北、湖南8省，西部地区包括重庆、四川、贵州、云南、西藏、陕西、甘肃、青海、宁夏、新疆、内蒙古、广西12省区市。

房地产投资对经济增长的空间溢出效应是指进行房地产投资活动时，房地产投资不仅对所在地区的经济增长产生影响，还会影响其他相关地区的经济增长，本书房地产投资空间溢出效应指房地产投资对其他地区经济增长的影响。

本书的主要研究内容有以下五个方面：

（1）绪论、文献综述、理论基础和作用机制分析。这是本书研究的指导思想和研究基础，绪论主要阐述了本书的研究背景、研究意义、研究内容、研究方法和创新点等；文献综述总结和梳理了前人的研究经验、研究成果和主要观点，并进行了简要分析评述；理论基础和作用机制分析对与房地产投资与经济增长相关的一些理论做了分析和阐述，包括古典经济学、产业经济学和空间集聚经济学等，作为本书研究的基础理论。另外，就房地产投资对经济增长影响的机制和机理进行理论探讨与定性分析，为后续研究提供理论支持。

（2）房地产投资发展现状及其与宏观经济关系分析。该部分首先回顾了中国房地产市场发展历程，并对房地产投资发展现状进行了分析，然后实证检验了房地产投资与GDP、房地产投资与三次产业的关系。研究表明：房地产投资在国民经济中占有重要地位，二者具有长期均衡关系，且房地产投资与GDP短期相互影响显著，房地产投资对三次产业贡献明显，工业化发展即第二产业的发展促进房地产投资增长。

（3）房地产投资对经济增长的规模差异分析。该部分基于2000—2017年中国31个省份数据建立面板门限模型，实证分析房地产投资在不同规模、不同增速、不同经济发展水平下对中国经济增长的影响的差异。结果表明：房地产投资对中国经济增长影响显著，但随着经济发展水平的提高，房地产投资对经济影响降低，房地产投资增速过快对经济增长呈明显抑制作用。

(4) 分区域分时段对比研究房地产投资对经济增长影响的区域差异。该部分基于2000—2017年中国31个省份面板数据，全样本、分地区、分时段分别建立模型，实证分析房地产投资对中国经济增长的影响差异。结果表明：房地产投资对中国经济增长影响在经济相对发达的东部地区和中部地区较高，2008年后对经济增长的影响东部地区变化不大，中部地区明显升高，而西部地区下降较为明显。

(5) 房地产投资对经济增长的空间溢出效应研究。该部分首先就房地产投资对经济增长空间溢出效应的机制与机理进行了理论分析和探讨，并基于2000—2017年中国31个省份数据建立面板空间模型，实证分析了房地产投资对中国经济增长的空间溢出效应。结果表明，房地产投资对于经济增长具有空间溢出效应，房地产投资要素（这里指与房地产业相关的上下游产业链及其人力、资本、技术、产品等）流动引致房地产投资空间溢出效应，而房地产投资空间溢出效应能够有效促进经济增长。

本书研究的技术路线如图1-1所示：

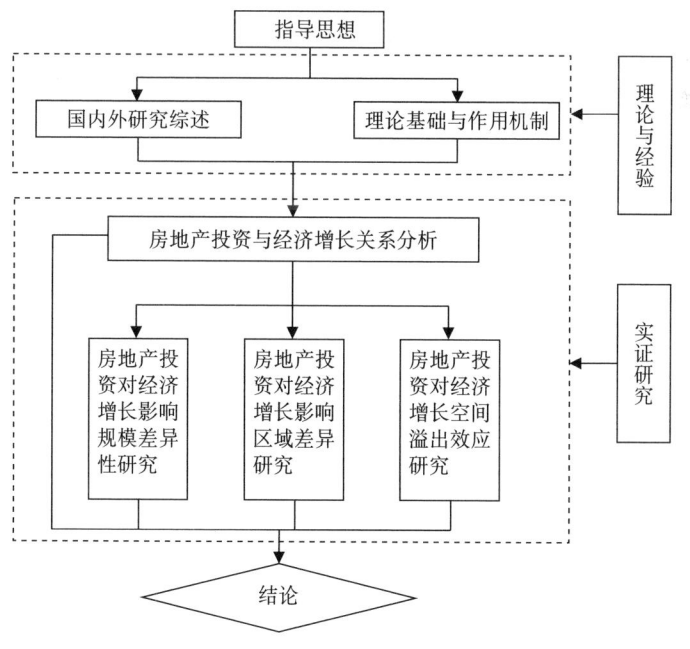

图1-1 本书研究的技术路线

1.5 研究创新

本书创新点为：

（1）本书从理论上探析了房地产投资空间溢出机制，揭示了房地产投资要素流动引致的空间溢出效应，验证了房地产投资空间溢出效应对经济增长具有促进作用。

（2）本书实证分析了房地产投资对经济增长的规模差异性和区域差异性，发现房地产投资对经济增长具有明显的正向效应，但随区域经济发展水平的提高或房地产投资增速过快，其影响效应下降。

（3）本书从房地产投资对中国三次产业发展的贡献角度进行定量分析，发现房地产投资对三次产业均具有正向影响，对第二产业的贡献要大于第一产业、第三产业。

第 2 章

文献综述

对于房地产投资的研究，主要集中于房地产投资与经济增长之间的关联方面的研究，学者们运用各种研究方法多角度对房地产投资与经济增长的关系进行了深入研究和论证。西方国家对此研究相对较早，但是随着中国经济的高速增长，房地产市场也得到了快速发展，房地产投资保持了持续稳定增长，国内对于房地产投资及其对经济增长的影响的研究也逐渐多了起来，研究成果可谓汗牛充栋。

2.1 房地产投资与经济增长

国外一些学者认为房地产投资与经济增长有较强的关联作用，房地产投资不但对经济增长影响较大，而且具有积极的正向作用。凯恩斯（Keynes，1938）认为，住宅投资有利于促进经济增长，拉动经济增长可通过增加住宅投资和基础设施投资来实现。Turin（1973）通过比较发达国家和新兴经济体国家的经济数据，发现无论是在发达国家还是在新兴经济体国家，房地产投资均有促进经济增长的作用。Richard Barras（1995）基于俄国 1855—1995 年的数据进行研究，认为房地产投资可以明显促进经济的增长。日本内务省利用日本 1986—1994 年数据进行分析，也得出房地产投资对国民经济增长具有推动作用的结论。Coulson 和 Kim（2000）使用格兰杰因果关系检验、方差分解、脉冲响应方法，得出住宅投资对国民经济产出有促进作用的研究结论。Morrison 和 M. Ball（2000）认为房地产投资对国家的经济发展的拉动作用明显。Chang与Nieh（2004）通过研究中国台湾地区1979—1999年房地产投资与经济的关系，发现房地产投资对当地经济具有拉动作用。Dynan和Sichel（2006）研究发现住宅投资能够促进国内生产总值的增长。Miles（2009）通过对美国1959—2007年数据进行VAR实证研究得出，住宅投资不仅带动了其他投资的增长，而且对消费增长还有积极的拉动作用。Merikas（2010）对希腊的房地产投资情况进行了研究，发现房地产投资对经济增长促进作用明显。Miller等（2011）通过研究美国房地产投资，发现房地产投资变化对人均GDP影响显著。Bates、Giaccotto和Santerre（2015）通过对1997—2010年美国各州的面板数据分析，发现房地产投资对于宏观经济的繁荣至关重要。Aizenman和Jinjarak（2019）通过对40年来跨国房地产价格的季度数据分析，发现房地产升值与经济增长正相关，不断上涨的房价伴随着更高的家庭消费和坚定的房地产投资，从而促进了经济增长。以上学者对于房地产投资与经济增长的研究，均得出房地产投资能够促进经济增长的结论。

国内大部分学者认为，房地产投资能够促进经济增长。王骐骥（2000）、张琳和陈美亚（2002）、郑思齐（2003）、梁云芳等（2006）、温军和赵旭峰（2007）、陆菊春和贾自武等（2008）、黄忠华和吴次芳等（2008）、杨婷和南灵（2010）、王帅和陈忠暖等（2015）分别通过协整检验、VAR模型、Granger因果检验、误差修正模型等方法对中国房地产投资与国内生产总值之间的关系进行实证分析，发现房地产投资与经济增长之间存在长期协整关系，房地产投资能够显著促进经济增长。夏明（2009）、杨阳（2010）、李玉杰和王庆石（2011）利用投入产出法研究了中国房地产投资对经济的影响，得出了房地产投资拉动经济增长比其他需求拉动国内经济更为显著的结论。况伟大（2010，2011）通过研究发现，中国房地产业对经济增长的贡献达到9.92%，房地产投资和经济增长相互促进，但是后者对前者的影响更大，前者对后者的影响相对差一些。安同信和张婉（2014）提出房地产投资增加可促进经济增长，增加房地产投资并通过产业链效应带动其他产业发展，共同促进经济增长。王利蕊（2013）、茹渭（2015）通过建立面板数据模型实证检验房地产投资对地方经济增长的影响，得出房地产投资通过投资效应和产业波及效应促进地方经济增长的结论。李阳（2014）使用分位数回归技术，对2010—2012年截面数据进行分析，发现房地产投资总规模与地区生产总值正相关，经济发达地区的房地产投资的乘数效应更明显。陆桂贤、许承明（2017）采用1999—2015年面板数据进行研究，发现温和增长的房地产投资对制造业投资增长有利，但过快的房地产投资对制造业投资作用减弱或消失。张屹山、孟宪春等（2018）基于中国30个省份面板数据进行研究，通过建立空间杜宾模型进行实证分析，得出房地产投资对本地区的经济增长有明显的驱动作用的结论。

也有部分学者认为房地产投资拉动经济增长存在差异性，认为在经济发展程度低的时期或地区，房地产投资增速过快会对宏观经济运行产生负面影响。第二次世界大战期间，经济学家普遍认为房地产投资是一种社会保障，具有福利特性。战争时期增加房地产投资会过多挤占社会资金，拖累经济增长，只有在经济发展达到一定条件时，利用经济增长才能带动房地产投资（Weissman，1955；Harris and Gillies，1963；Drewer，1980）。Gilbert和Gugler（1982）研究发现房地产投资阻碍经济增长，并且加剧了人口增长带来的城市问题。Mills（1987）通过研究发现，美国房地产投资的增加对经济增长产生了抑制作用，认为房地产投资远不及制造业对经济增长的促进作用。Wei Sman（1995）研究发现，在发展中国家，房地产投资过大会导致其他行业发展失衡，对国内经济发展的负面作用显著。另外，Femdnez（2007）、Chang（2010）从消耗资源的角度研究发现，房地产业的非理性发展会过度消耗资源，挤占社会资源，破坏地区经济发展均衡。李熙娟和李斌（2006）利用协整检验分析得出，房地产业与国民经济增长没有协整关系，二者不存在长期稳定关系。骈永富（2012）利用VAR模型和杜邦分析法进行研究得出，房地产投资促进经济增长作用明显，但房地产投资对宏观经济也会产生负面影响，从而导致经济发展的波动和产业结构的紊乱。张延群（2016）通过实证检验得出，房地产投资对非房地产固定资产投资挤出效应明显，而非房地产固定资产投资对房地产投资增长促进作用明显。吕风勇（2016）认为，房地产投资增长在短期内可通过需求效应促进经济增长，但其挤出效应更有可能降低资源配置效率，抑制潜在产出增长，资源越接近充分就业，负向作用越明显。李江涛、褚磊等（2018）研究发现，房地产投资与工业全要素生产率之间的关系为倒U型，房地产投资温和增长可以提高工业全要素生产率，一旦过热则会起到抑制作用。王业辉（2019）通过建立非稳定异质性面板模型也得出同样结论，房地产投资增速过快，短期促进但长期抑制经济增长。

对于房地产投资是否促进经济增长，学者们进行了比较深入的研究，研究结论也不尽相同，可能是学者们研究主体和研究方法不同，基于不同地区、不同时期、不同的经济发展环境、不同的研究方法和不同的研究角度研究房地产投资对经济增长的影响得到的结论不太一致，但总体来讲，以上研究成果均表明房地产投资与经济增长的联系非常紧密。大部分学者认为房地产投资对经济增长具有积极促进作用，而房地产投资对经济增长产生负面影响的结论主要基于房地产投资增速的适度性问题，如房地产投资过热，短期拉动经济增长，但是长期会抑制经济增长。另外，过度的房地产投资会对非房地产投资和工业生产产生强烈的挤出效应，导致经济发展不平稳和产业结构失衡。在研究方法方面，主要以普通线性回归、VAR模型、协整检验、Granger因果关系检验以及产出投入法等方法为主，早期的研究多以时间数列为主，随着理论计量经济学的发展，学者们尤其国内学者采用面板数据更多。

房地产投资是促进了经济增长，还是经济增长带来房地产投资的发展，即谁是"因"谁是"果"？很多学者进行了有益的探讨。学者通过研究发现，房地产投资和经济增长互为因果关系。Wheaon 和 Dipasquale（1994）发现房地产投资和经济增长之间互为因果，具有双向拉动作用。Gauger 和 Snyder（2003）利用美国1995—1999年的数据建立脉冲响应模型进行实证分析后发现，房地产投资与经济增长互为因果关系显著。Wilhemsson 和 Wigren（2007）基于1980—2004年西欧各国数据，发现在长期内和短期内房地产投资和经济增长均互为因果关系。Barkham（2012）发现房地产投资不仅受到经济增长的驱动，而且也为经济增长做出贡献，房地产繁荣越久，经济增长对房地产投资的依赖就越大。对于国内房地产投资与经济增长因果关系研究，王先柱（2007）基于VAR模型对房地产投资与经济增长进行实证分析，结果表明，房地产投资与经济产出存在双向Granger因果关系，而住宅投资对经济产出的滞后响应时间更短，冲击力更强。宁琰和许鹏（2008）通过VAR模型进行实证研究，同样得出经济增长与房地产投资以及经济增长与固定资产投资都具有双向格兰杰因果关系，说明房地产投资和固定资产投资对经济增长均可以形成正向影响，同时经济增长也促进了房地产投资和固定资产投资的增加。

还有一些学者认为，房地产投资和经济增长只存在单向因果关系。Green（1997）对美国1959—1993年的经济数据进行实证分析后发现，房地产投资为经济增长的Granger原因，房地产投资能够影响经济增长，反过来经济增长无法影响房地产投资。同样Coulson和Kim（2000）基于美国1959—1997年数据进行了格兰杰因果检验，发现只存在房地产投资是经济增长格兰杰原因，反之因果关系不存在。Morrison和M. Ball（2000）也得到同样结论，二者之间存在单向因果关系。Gray Wong和Lok Sang（2003）对香港地区房地产投资和经济增长关系进行探讨后发现，前者对后者的影响是显著的，反之则不然。王利蕊（2013）基于我国1994—2011年数据进行协整分析，得到房地产投资与经济增长存在协整关系，具有长期均衡关系，但是在格兰杰检验中只发现房地产投资是经济增长的单向格兰杰原因，而经济增长并不是房地产投资的格兰杰原因。

而有一些学者则认为房地产投资并非经济增长的原因，而是在经济不断发展的过程中，经济的增长导致了房地产投资的增加。Harris等（2006）通过研究发现，房地产投资并非经济增长的原因，而是经济增长导致了房地产投资的增加。沈悦和刘洪玉（2004）搜集了1986—2002年国内数据进行研究，发现经济增长对房地产投资具有单向Granger原因，反之则不然，当前GDP的走势影响房地产业的发展。同样，张清勇（2012）利用中国1985—2009年省际数据进行研究的结论表明，经济增长对房地产投资的单向格兰杰因果检验显著，反之则不然。

对于房地产投资和经济增长二者关系，学者研究结论也不很一致，大多学者的研究观点认为房地产投资和经济发展二者之间具备双向因果关系，亦有少部分学者研究不支持这一观点。其中持否定态度的学者中，一部分学者认为二者具备单向因果关系，认为房地产投资能够影响经济增长，但反之不成立；或者，经济增长是房地产投资的格兰杰原因，是经济增长带来房地产投资的繁荣，反之则不成立。本书认为，主要是由于这些学者的研究是基于不同国家、不同经济发展阶段和不同的经济发展水平，造成所得出的研究结论不尽相同。另外这些学者的出发点不同、研究方法也不尽相同，对房地产投资和经济增长的关系研究得出不同结论也是在所难免。房地产投资和经济增长二者因果关系研究主要基于VAR模型、协整检验、格兰杰因果关系检验等方法进行研究,亦有学者利用产业关联理论运用投入产出法进行实证研究。

关于房地产投资与经济周期之间的关联,国内外学者对此进行的研究比相对较少,主要观点为房地产投资与经济周期具有显著的关联性。Miles（2009）运用 VAR 模型对美国 1959—2007 年住宅投资与宏观经济进行实证研究后发现,住宅投资在美国经济周期中起着非常重要的作用,住宅投资的增长不仅带动非住宅投资,而且拉动了消费的增长。同样,Green（2010）通过格兰杰检验方法对美国房地产行业投资和经济产出之间的关系进行研究后发现,房地产行业投资是美国产出波动的主导因素。徐会军、唐志军和巴曙松（2009）则通过选取与房地产投资相关度较高的 15 个经济景气指标计算中国的房地产投资增长率的合成指数,并对合成指数进行分析后发现 1997—2008 年我国的房地产投资经历了两个完整的周期。申彦兵（2016）基于中国 1997—2013 年的省级面板数据分析房地产投资波动对经济的影响,发现房地产投资对宏观经济具有积极影响,房地产投资波动越大,对宏观经济波动的影响越大。冯科（2016）构建了关于房地产投资和经济周期相关时间序列的单变量和多变量 UC 计量模型,运用中国 1992—2014 年的数据研究后发现房地产投资短周期和中周期与国内生产总值周期较为接近。

国内外学者研究都认为房地产投资的波动与经济周期具有极强的相关性,房地产投资稳定发展对整个宏观经济的稳定运行产生着重要的影响。例如 2007 年,由于美国房地产行业的非理性发展,间接引发了全球金融危机,给世界经济带来了很大的负面影响。因此,各国对房地产业的发展都持非常谨慎的态度,尤其是房地产业与民生息息相关,因此各国政府均会采取一些调整和控制的手段,避免房地产投资过热。如果没有政府的调控,由于资本逐利性和投机者的非理性,房地产投资无节制的发展容易形成房地产泡沫,然而政府过多调控,又会限制其发展,影响经济增长。国家如何出台适宜相关政策来引导房地产稳定健康发展,是每个国家的难题。

2.2 房地产投资与相关产业

经济活动是由各个不同产业组成的复杂系统，房地产业与其他产业之间存在着广泛、复杂和密切的经济联系。房地产投资的相关产业比较多，涉及范围广，据不完全统计，与房地产业相关联的产业高达60多个，比如建筑业、民用工业、服务业、运输业，甚至金融业、高科技产业等，由于各个产业之间存在着互动的供给和需求的关系，所以其投资的增加或者减少，都会影响其相关产业的波动，进而会对经济各个方面产生不同的影响。Arku（2006）认为，房地产投资能间接影响上、下游产业，从而可以大量增加就业岗位。王国军、刘水杏（2004）认为，房地产业带动作用较大的产业依次分别是金融保险业、建筑业、化学工业、非金属矿物制品业、商业和社会服务业。吴海英（2007）采用多个部门的动态投入和产出分析方法进行实证研究后发现，房地产投资增速和钢铁业投资增速是同步的，具有同向线性相关特征。同样，张嘉麟和瞿宛文（2014）也得出相同的结论，通过研究中国钢铁行业发展现状后发现，房地产投资的发展促进了钢铁行业的需求增长。任木荣、苏国强等（2009）运用灰色关联分析方法进行实证研究，结果表明，我国房地产业与三次产业间的关联程度沿着第三、第二、第一产业依次递减。罗知和张川川（2015）通过研究中国不同地区的房地产投资对制造企业的影响，发现由于大批国有企业纷纷进入房地产业，导致了制造业资源配置效率降低。

房地产投资与相关产业关系研究，学者们主要使用了动态投入和产出分析方法、灰色关联度分析、生产函数分析、协整检验、误差修正模型、脉冲响应函数等研究方法进行深入研究。上述文献主要针对房地产业与相关产业研究，研究结果无一例外的显示房地产业能够带动其相关产业发展，房地产的产业链很长，牵涉上下游几十个相关产业，对国民经济具有强劲地带动作用。

2.3 房地产投资与区域经济

国内外学者使用各种计量技术，从不同的研究视角对于房地产投资和区域经济增长的关系进行研究。Ball（1998）认为，住房市场中不同地区具备自己独特的"自身惯例"，这种"惯例"决定着市场的交易方式、对象和地点等，进而满足区域经济发展的需要。Begg（1999）认为，房地产投资规模下降，会推高房价和房租价格，进而会抑制外来人员的流入和外地投资者的进入，对区域经济形成阻碍。Edelstein 和 Sang（2007）在对美国若干城市的房地产市场进行分析后认为，房地产投资是与当地经济密切联系的投资活动，能带动和影响地方经济，二者互相影响力度很大。Lieser（2014）通过对 2000—2009 年全球 47 个国家和地区的面板数据分析，发现经济增长和快速的城市化进程带动了房地产投资的增长。梁云芳、高铁梅（2007）认为，房地产市场具有区域性，房地产经济不仅影响着宏观经济层面还影响着地区经济发展，因此应该从区域视角去研究房地产投资对区域经济增长的关系。陆菊春、贾自武等（2008）、黄忠华等（2008）、陈湘州、袁永发（2013）分别利用计量技术对房地产投资与经济增长关系进行研究，发现东、中部房地产投资对经济促进作用更大，虽然西部地区房地产投资对经济的推动力也是显著的，但相对于东、中部作用力度小。然而，陈坚（2009）运用面板数据变系数模型进行研究，结果却不同，他认为，房地产投资对拉动地区经济增长的作用，西部地区最大、中部地区次之、东部地区最小。罗国银（2010）搜集了我国 1997—2009 年省际面板数据进行研究后发现，从区域层面上房地产投资都能促进经济增长，这种促进作用在不同地区存在着差异。吴宇婷和韩晓虎（2011）采用误差修正模型和协整检验的方法对 1990—2009 年海南省数据进行研究后发现，房地产投资能够显著促进经济增长。陈淑云、付振奇（2012）基于全国 70 个城市 13 年的数据进行分析，结果表明，大城市的房地产投资对经济增长的拉动能力相对较弱，小城市的房地产投资对经济增长促进作用更强。李玉杰（2011）分别从全国、区域以及城市层面进行实证分析，发现房地产投资具有明显的促进经济增长的作用,房地产投资对经济增长的影响是逐年增大的,而且房地产投资与经济增长之间的关系具有明显的区域性差异。吕涛(2012)利用1996—2009年东部地区10省市的数据建立面板数据模型,研究发现,房地产投资对东部地区各省市的经济增长具有明显的拉动作用,但是这种增长效应弱于同期的其他要素对经济增长的拉动效应。周稳海、许东钊等(2014)运用聚类分析的方法把中国31个省市自治区分为四个区域,发现房地产投资对本地区经济增长都存在明显的拉动效应。张洪、金杰等(2014)利用1998—2010年70个大中城市面板数据建立空间动态计量模型,研究结果表明,对东、中、西部地区的经济增长,房地产投资的促进作用均显著,但是地区之间的这种促进作用不同,东部地区房地产投资空间溢出效应大于中部和西部地区。同样,张屹山、孟宪春等(2018)基于中国30个省份数据建立空间模型,实证研究表明,房地产投资能够促进本地区经济增长,与其他投入要素相比,房地产投资具有更强的跨区域空间相关性。

房地产市场是一个具有区域性特征的市场,同样房地产投资也具有区域性特点,它与区域经济增长密切相关。不同区域经济发展水平不一样,房地产投资对经济增长的促进作用也不尽相同,因此很多学者基于区域经济的视角,对比研究房地产投资对经济增长影响的区域差异性,以期引导合理的房地产投资规模,发挥房地产投资对区域经济增长的最大效用。还有学者基于空间溢出效应对房地产投资之于其他城市的影响做了研究,认为房地产投资具有更强的跨区域空间相关性。

2.4 房地产投资空间溢出效应

基于城市化理论和空间集聚理论,房地产投资对经济增长影响具有空间溢出效应,张立新、肖斌等(2014)运用空间计量方法,通过计算房地产开发投资的Moran指数,验证了房地产开发投资非常规空间聚集的存在性、聚集程度和空间聚集结构。利用CSAD非线性模型和基于"潮涌现象"假说验证和分析了中国房地产投资"羊群效应"的存在性,解释了房地产投资空间聚集的成因。田秉涛、王晓文和尹春（2014）利用 ESDA 方法结合 GIS 软件，从空间关联的角度探讨福建省房地产住宅投资的空间相似性、异质性和空间格局，得出房地产住宅投资空间格局呈现显著的空间正相关特征，空间集聚特征明显，从时空格局来看，房地产住宅投资沿海和内陆的差距在极化效应的影响下不断加剧。张屹山、孟宪春等（2018）基于中国 30 个省份的样本数据建立空间杜宾模型，实证分析了区域房地产投资拉动经济增长的空间区位效应。张洪、金杰等（2014）利用 1998—2010 年中国 70 个大中城市面板数据，构建了房地产投资空间动态计量模型进行实证分析，发现房地产投资在城市之间存在显著的空间（溢出）效应。全诗凡、黎绍凯等（2016）利用中国 290 个地级市 2000—2013 年面板数据考察房地产投资及其空间效应对城市化的影响，研究结果表明存在房地产投资对城市化的空间溢出效应。张力生、张丽莎等（2017）利用空间自回归模型和空间误差模型对京津冀地区城镇化水平的空间特点进行实证分析，得出房地产投资和金融发展等对城镇化建设具有显著的正向影响和空间相关性。陈胤辰，蒋国洲（2013）选取 2007—2011 年海南省 18 个市县的面板数据建立空间计量模型，得出相邻市县房地产活动对本地房地产开发具有显著的溢出效应，但是负效应。江康奇，李锦然（2019）基于 2007—2016 年的 152 个地级市面板数据建立空间面板模型，探究城市房地产投资对创新的影响，结果表明，城市房地产投资具有空间溢出效应，本城市的房地产投资会抑制周边城市技术创新。

关于房地产投资空间溢出效应研究的学者从不同角度分析了房地产投资的空间溢出效应，从空间集聚、城市化、技术创新等角度探讨了房地产投资的空间相关性，均认为房地产投资具有空间溢出相应，但是结论存在差异，有的研究为正向溢出，而有的研究得出负向溢出结论，主要是由于不同学者的研究基于不同的空间溢出对象和空间溢出路径。上述房地产投资的空间溢出效应研究文献在研究方法上也不尽相同，大多利用建立空间面板模型，也有基于 VAR 模型并引入空间计量技术进行研究，还有学者利用 CSAD 非线性模型对房地产投资空间集聚进行了验证和分析，以及有学者利用 ESDA 方法结合 GIS 软件对房地产投资空间关联关系进行了探讨和分析。

2.5 文献述评

针对房地产投资的相关研究文献较多，研究结论也不尽相同，主要是基于4个方面的研究：

(1) 房地产投资与经济增长关系研究。众多研究文献均表明房地产投资与经济增长的联系非常紧密，大部分学者认为房地产投资对经济增长具有积极促进作用，亦有少部分文献认为房地产投资对经济增长产生负面影响，这些结论主要基于房地产投资增速的适度性问题进行的研究，例如房地产投资过热，短期拉动经济增长，但是长期会抑制经济增长。另外，过度房地产投资会对非房地产投资和工业生产产生强烈的挤出效应，导致经济发展不平稳和产业结构失衡。而对于房地产投资和经济增长二者因果关系，大多学者认为房地产投资和经济发展二者之间具备双向因果关系，亦有学者认为二者具备单向因果关系，认为房地产投资能够影响经济发展，或者是经济增长是房地产投资的格兰杰原因。关于房地产投资与经济周期方面的研究，国内外学者研究都认为房地产投资的波动与经济周期具有极强的相关性，房地产投资稳定发展对整个宏观经济的稳定运行产生着重要的影响。

(2) 房地产投资对区域经济影响的研究，相关研究文献普遍认为房地产投资具有区域性特点，与区域经济增长密切相关。

(3) 对房地产投资与相关产业关系的研究。研究结果无一例外的显示房地产业能够带动其相关产业发展，房地产的产业链很长，牵涉上下游几十个相关产业，对国民经济具有强劲地带动作用。

(4) 对房地产投资溢出效应研究，相关文献从空间集聚、城市化、技术创新等角度探讨了房地产投资的空间相关性，均认为房地产投资具有空间溢出相应，但是结论存在差异，有的研究为正向溢出，而有的研究得出负向溢出结论，主要是由于不同学者的研究基于不同的空间溢出对象和空间溢出路径。

对于房地产投资相关研究文献较多，从不同角度分别进行了论述。这些文献在针对房地产投资的相关研究上应用了很多不同的研究方法，主要以普通线性回归、VAR 模型、协整检验、误差修正模型、脉冲破响应函数、格兰杰因果关系检验以及产出投入法等方法为主，也有少部分学者使用了动态投入和产出分析、灰色关联度分析、生产函数分析进行实证研究，还有部分学者基于区域经济的视角，对比研究房地产投资对经济增长影响的区域差异性，或者基于空间溢出效应建立空间面板模型，利用 CS-AD 非线性模型对房地产投资空间集聚进行了验证和分析，还有学者利用 ESDA 方法结合 GIS 软件对房地产投资空间关联关系进行了探讨和分析。早期的研究多以时间数列为主，随着理论计量经济学的发展，学者们尤其国内学者采用面板数据更多。

基于以上研究文献，发现房地产投资的研究基于不同时期、不同区域、不同研究方法得出的结论不尽相同。中国房地产业发展较快，也是受调控最多的产业之一，较早的房地产投资对经济影响研究结论或已不适合当前房地产投资发展规律。以上有些文献基于早期的研究，研究数据也是基于早期的房地产投资，而有些研究没能进一步深入，例如房地产投资的区域性差异在 2008 年前后的差异性没能进一步分析，房地产投资对三次产业的贡献研究很少，房地产投资空间溢出效应没能进一步深入分析机制和机理。基于此，本书就房地产投资对经济增长的规模差异、区域差异及空间溢出效应进行深入研究。主要研究内容包括房地产投资与宏观经济的影响关系研究，房地产投资对经济增长影响的规模差异研究，分地区分时段研究房地产投资对经济增长的区域差异，房地产投资空间溢出效应及其机制机理研究等。

第 3 章

理论基础及作用机制

宏观经济学中的投资是指新增或更换资本资产（包括厂房、住宅、机械设备及存货）的支出。它是一定时期内增加到资本存量中的资本流量，是要计入 GDP 中的。投资具有需求效应和供给效应。

（一）投资的需求效应

投资的需求效应，是指因投资活动引起的对生产资料和劳务商品的需求。

社会的总需求 = 投资需求 + 消费需求 + 出口需求

由于消费需求在一定时期内具有相对的稳定性，而出口需求的不确定影响因素又很多，所以，当一个社会需求不足、经济增长缓慢时，往往通过提升投资需求来扩大总需求，刺激经济增长。

投资的需求效应具有即时性、无条件性、乘数性等特点。

（二）投资的供给效应

投资的供给效应是指投资能向社会再生产过程注入新的生产要素，形成新的资本，具体表现为增加生产资料（如机器、厂房）的供给。

投资的供给效应对经济增长的作用主要表现在两个方面：

（1）投资是保持社会资本存量的主要手段。资本存量在使用过程中，价值会逐步转移，实物会逐步磨损，无论在哪个时点上，总有一部分资本要退出使用。为了保持社会资本存量不变，需要有相应的投资形成的资本加以弥补，这类投资通常称为重置投资。

（2）投资是实现社会资本增量的重要途径。现代经济社会的基本特征是扩大再生产，为了实现社会生产能力的扩大，必须增加社会资本量。这类投资通常称为净投资。因此：

$$总投资 = 重置投资 + 净投资$$

当总投资小于重置投资时，意味着社会资本量在减少，这时要使经济不出现负增长已属不易了，当总投资等于重置投资时，意味着社会资本量将保持不变，这时要实现经济增长也比较困难；只有总投资大于重置投资，经济增长才有相应的物质基础。

投资的供给效应具有滞后性、有条件性等特点。

房地产投资是以房地产为对象，对土地和房地产开发、房地产经营，以及购置房地产等经营活动进行的投资，从而获得预期投资收益。房地产投资形式多种多样，本书所研究的房地产投资为房地产开发投资，主要包含房地产住宅投资、房地产办公楼投资、房地产商业用房投资和其他房地产投资。在房地产开发建设过程中，未完成产品交付时投入的资本主要以存货形式存在。本书中的房地产投资符合宏观经济学中投资的定义范围和特征。故房地产投资对经济增长理论分析可基于宏观经济学中的投资对经济增长的理论来进行分析。

3.1 理论基础

基于文献综述和现实分析，房地产投资作为全社会固定资产投资的一部分，其在经济增长中影响作用的基础理论，主要为基于哈罗德—多马经济增长的投资理论、基于新古典经济增长理论的房地产投资理论、基于城市化、集聚经济的房地产投资理论和基于投资乘数效应房地产投资理论。

3.1.1 哈罗德—多马经济增长理论

早在18世纪，亚当·斯密就提出并论证了资本积累与经济增长的关系，他认为社会资本积累是经济增长的源泉。在20世纪40年代，哈罗德—多马基于凯恩斯的收入决定论建立了经济增长模型，其模型突出了投资对经济增长的作用。

哈罗德—多马经济增长理论基于以下假设：

(1) 全社会生产的产品只有一种;
(2) 只有资本和劳动两种生产要素,并按固定比例投资;
(3) 假定不存在技术进步且不考虑存量资本的折旧;
(4) 假定边际储蓄率不变,且储蓄全部转化为投资;
(5) 假定资本产出比固定不变。

本书主要探讨投资在经济中的作用,假设在一定的技术条件下,用 σ 来表示已知投资水平下生产潜在能力的变化率,并设其为常数。在不考虑资本折旧的情况下,社会资本增量与投资相等,即有 $\Delta K = I$,则 $\frac{\Delta Y}{\Delta K} = \frac{\Delta Y}{I} = \sigma$,从而有 $\Delta Y = \sigma \cdot I$。

其中,ΔK 为资本存量增量,I 为总投资,ΔY 为产出增量,两边同时除以产出 Y,有

$$\frac{\Delta Y}{Y} = \sigma \cdot \frac{I}{Y} \tag{3-1}$$

令产出增长率 $G_A = \frac{\Delta Y}{Y}$,则有

$$G_A = \sigma \cdot \frac{I}{Y} \tag{3-2}$$

由上式可以看出经济产出增长率与投资占产出的比重呈线性关系,即投资占产出的比重决定了经济产出的增长情况,而房地产投资作为投资的重要组成部分,在一定程度上将会影响国民经济的增长。

3.1.2 新古典经济增长理论的房地产投资理论

索罗模型假设条件:
(1) 假定在一个理想条件下,社会只生产一种产品;
(2) 假定不存在技术进步,投入要素只有资本 K 和劳动 L,且边际生产率递减;
(3) 假定社会处于充分就业状态;
(4) 资本和劳动比例可改变。

根据索罗模型建立柯布—道格拉斯生产函数形式为:

$$Y_t = F(K, AL) = K_t^{\alpha}(A_t L_t)^{1-\alpha}, \quad 0 < \alpha < 1 \tag{3-3}$$

对方程（3-3）两边同时取对数，可得
$$\ln Y_t = \alpha \ln K_t + (1-\alpha)(\ln A_t + \ln L_t) \quad (3-4)$$

由于知道 $K_t = s Y_{t-1}$，这里 s 为储蓄率，在完全竞争环境里可认为投资率，那么有
$$\ln Y_t = \alpha \ln s + \ln Y_{t-1} + (1-\alpha)(\ln A_t + \ln L_t) \quad (3-5)$$

这里假设规模报酬率不变，不存在技术和人口的变化，那么经济产出与上期的经济产出和投资率决定，可见投资的高低决定着经济增长情况。房地产作为社会固定资产投资的一部分，能够起到促进经济增长的作用。虽然这里房地产投资不是新经济增长理论强调的用于社会再生产而购买厂房、机器设备等生产资料的资本支出，但是房地产投资中房地产办公楼投资、房地产商业用房投资和其他房地产投资为扩大再生产而进行的资本支出，而住宅投资也可认为是保障社会再生产而进行的投资，另外，由房地产投资的乘数效应带动的其他产业投资应是扩大再生产而带来的资本支出。对于房地产投资，可建立简单模型说明，根据索罗模型建立生产函数模型，

$$Y(t) = F[K(t), A(t)L(t)] \quad (3-6)$$

规模报酬不变的情况下，假设 $c = 1/AL$，那么
$$F(K/AL, 1) = \frac{1}{AL} F(K, AL) \quad (3-7)$$

这里 K/AL 是单位有效劳动资本量，并且 $F(K, AL)/AL$ 等于 Y/AL，单位有效劳动的产出，定义 $k = K/AL$，$y = Y/AL$，以及 $f(k) = F(k, 1)$，因此有
$$y = f(k) \quad (3-8)$$

柯布-道格拉斯生产函数形式为
$$F(K, AL) = K^\alpha (AL)^{1-\alpha}, \quad 0 < \alpha < 1 \quad (3-9)$$

两边同时除以 AL，可得，
$$y = f(k) \equiv F\left(\frac{K}{AL}\right) = \left(\frac{K}{AL}\right)^\alpha = k^\alpha \quad (3-10)$$

k 为社会总投资情况，本书将其分为房地产投资 h 和非房地产投资固定资产投资 k，那么有
$$y = k^\alpha h^{1-\alpha} \quad (3-11)$$

对方程（3-11）两侧取对数可得到

$$\ln y = \alpha \ln k + (1-\alpha)\ln h \qquad (3-12)$$

由此方程可以看出,在这里假设规模报酬率不变,不存在技术和人口的变化的情况下,经济增长由房地产投资和非房地产投资固定资产投资决定。

3.1.3　城市化、集聚经济的房地产投资理论

19世纪90年代,经济学家马歇尔提出产业集聚即空间外部性的概念。马歇尔认为,集聚经济根源于生产过程,企业、机构和基础设施在某一区域内的联系能够带来规模经济和范围经济,带动一般劳动力市场的发展、专业化技能的集中,并促进区域供应者和消费者之间增加相互作用、共享基础设施以及其他区域外部性(钱雪峰、梁琦,2007)。[①]

城市的形成发展在一定意义上是源于经济活动的聚集效应,即生产力和各项要素在空间上的高度集中、相互作用而产生的外部经济效果,许多企业集中在一起就可以产生更多经济效益,这就是聚集经济效益。企业聚集之所以产生经济效益是由于他们聚集在一起,不仅便于分工协作,而且由于交通运输、邮电通信、城市基础设施和社会设施的完善,社会服务体系的形成和完善,大大降低了企业的生产成本,从而提高了企业的劳动生产率,由此形成了聚集经济效益,也就是说,集聚效益决定了企业进入城市或决定企业集中到一起,从而促进了城市化发展。

马克思认为,资本有机结构的规律,促进了城市化发展。资本有机构成规律认为,劳动生产力的提高,在生产要素构成上就表现为劳动力数量减少和劳动资料数量的增加,并从两个方面促进了城市的发展和城市化的进行,一方面,由于土地的有限性、农业劳动生产率的提高,就会把一部分农业劳动者从土地上排挤出来,只能接受城市从事第二产业和第三产业;另一方面,农业劳动生产率的提高,表明一个农业劳动者可以生产出更多的农产品,农业剩余劳动力和剩余农产品,是全部社会发展的基础,也是城市发展和城市化的基础。基于集聚经济原理,各种产业和经济活动在空间上集中产生的经济效果以及吸引经济活动向一定地区靠近的向心

---

① 钱学锋,梁琦. 分工与集聚的理论渊源 [J]. 江苏社会科学,2007 (02):70-76.

力,是导致城市形成和不断扩大的基本因素。经济集聚必然形成劳动力集聚,由于人口的集聚而形成城市化或城市群。城市化,首先表现为经济、社会、人口在一定空间上的汇聚和集中。城市化带来的人口集聚需要房地产投资来建设和改善城市居住环境,城市化建设也需要房地产投资改善城市面貌,城市化进程需要房地产行业完善整个产业链。

首先,城市集聚经济理论认为,与集群形成相关的外部性条件,除了大规模生产、专业化分工服务之外,现代化基础设施的存在是集群形成的基础和前提。经济社会人口在一定的空间范围内或地域内的集聚,需要一定的物理和物质条件为前提,既要满足企业生产活动必需场所和设施,还要满足居民住宅、交通、教育和公共服务的基本需求,这些都需要房地产开发投资。城市发展的吸引力和辐射力很大程度上取决于各类基础设施和相关配套设施的建设水平。

其次,城市化推动了房地产业和房地产经济的快速发展。城市化为房地产业和房地产经济的发展提出了巨大的需求和发展的空间。房地产业和房地产经济是城市化的产物。市政建设、生产与生活等各类用房的需求,以及其他各类产业的发展都成为推动房地产业的重要动因。与此同时,由于房地产业能够提供大量的就业岗位,吸纳人们向城市聚集,进而促进城市的发展和扩张。而房地产业的发展必然要求房地产投资的增加。

3.1.4 投资乘数效应的房地产投资理论

投资乘数原理是说明投资量变与收入量变之间连锁关系的理论,凯恩斯把投资乘数定义为,"投资增量和国民收入比例关系的系数"[①]。如果写成数学式子,用 k 表示投资乘数,用 ΔI 表示总投资量的增量,用 ΔY 表示所得之增量,则可以得到公式:

$$k = \Delta Y / \Delta I \qquad (3-13)$$

投资乘数理论认为,投资增加后将引起劳动者收入的增加,劳动者有收入之后可以用于消费和储蓄,新的消费促使其他人的收入,这样循环下去,类似多米诺骨牌效应,使投资成为促动经济发展多米诺骨牌的触动机

---

① 凯恩斯. 就业利息和货币通论 [M]. 北京:商务印书馆,1983:100-105.

关。根据投资乘数理论，虽然投资只占国民收入总量的一小部分，但是当投资数量发生变动时，却能引起总就业量与总收入成倍的变动。投资具有乘数效应，其不仅自身投资带来产出，还将带动社会其他投资或消费从而带来更多产出。

目前国外关于投资乘数的研究，多侧重基于动态投资乘数检验投资的效果和财政政策的有效性，国内关于投资乘数的研究多集中于探讨总量投资乘数与经济增长间的关系。

投资乘数理论同样适用于分析房地产投资在经济增长中的重要作用，房地产投资的传导机制如图3-1所示。对于房地产投资乘数可以分为五个传导环节，即房地产投资带动其他产业投资、房地产投资和其他产业投资共同形成就业、就业创造劳动收入、收入产生消费、收入与消费共同刺激投资（房地产投资+其他产业投资）五个组成部分。

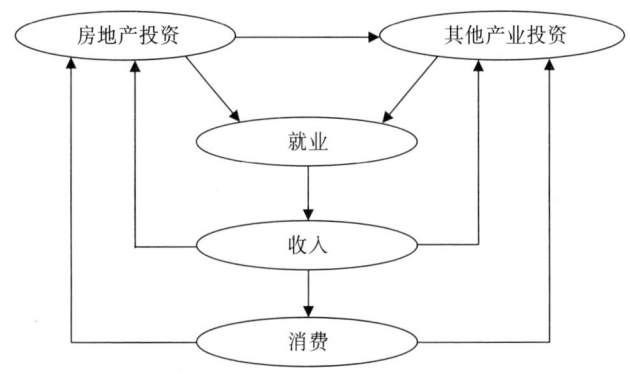

图3-1 基于乘数效应的房地产投资传导机制

该传导机制还利用了一个原理，即加速数原理。这里用加速数原理来说明收入的增加与投资变动的关系，即收入增加会引起消费需求的增加。另外，对于企业来说，企业收入的快速增加也会继续进行再投资（杨飞虎，2007）①。满足增加的消费需求的产品需要投资，所以消费需求增加会要求投资增加。收入（消费）增加的快慢决定了投资增加的快慢。一般用资本—产出率来代替加速系数，表示收入（或消费）的增加能够增加投资

---

① 杨飞虎. 我国投资乘数、加速数与经济增长探析 [J]. 经济与管理研究，2007（07）：37-42.

多少的系数，用公式表示如下：

$$I = v \times \Delta Y \tag{3-14}$$

其中，v 是加速系数，ΔY 是预期收入增量，I 是投资（引致投资）。

社会上不存在闲置的资本，是投资加速理论的一个重要假设前提。投资加速作用是双向的，既可以加速增加，也可以加速减少。

3.2 房地产投资对经济增长的影响机理分析

为了更好地研究房地产投资对经济增长的影响，在阐明房地产投资对经济增长影响的理论基础的同时，还需厘清房地产投资是通过什么样的机理和机制对经济增长产生影响的。

3.2.1 房地产投资对经济增长的促进作用

（一）房地产投资对经济增长的直接促进作用

房地产投资的直接效应是房地产投资的生产环节和产出对经济增长带来的贡献，即房地产业对经济增长产生的直接带动作用。房地产投资涉及的生产环节多，从土地开发、建筑设计、建筑施工、消防设施施工、水电暖施工、运输、绿化到后期的家装等，涉及环节多、部门多，需求劳动力多，这些都将形成社会经济产出，对经济增长形成直接贡献。房地产业作为第三产业，据支出法统计，房地产开发投资形成的固定资本形成总额占GDP比重逐年上升，房地产开发投资对GDP增长的年平均贡献率也逐年提高，2013年达到9.3%，2004—2013年，年平均贡献率为7.8%（许宪春、贾海和李皎，2015）。

房地产投资直接形成房地产业产出。据统计，房地产业产出2000—2018年年均名义增长率为14.42%，高于国内生产总值的名义年均增长率12.98%。2000年房地产业产出占国内生产总值4.14%，2018年达到6.65%，房地产业产出占国内生产总值比重呈现逐年增长的趋势。可以看出，房地产投资产生的直接产出在国内总产出中占有较高比重，且有逐年上涨的趋势。说明房地产投资形成的产出对国内经济增长具有重要的直接作用。房地产投资在生产过程中，需要大量的钢筋、水泥、平板玻璃、水电暖器材、消防器材、石材等各种建筑材料，这些产品需要相关制造业来满足，房地产投资增加能够极大促进相关制造业的产出和发展。

从需求侧看，推动经济增长的三大动力为投资、消费和出口，在我国，投资发挥着第一推动力的作用。投资是指新增或更换资本资产（包括厂房、住宅、机械设备及存货）的支出，它是一定时期内增加到资本存量中的资本流量。在以支出法计量国内生产总值时，房地产投资（不含土地购置费部分的建筑安装等相关成本的投资）作为固定资产投资的一部分计量。房地产投资是固定资产投资的重要组成部分，近20年来，每年房地产投资占固定资产投资的比重均超过15%，有些年份甚至达到20%，对经济增长起到了积极的促进作用。

房地产投资生产的产品主要为住宅、厂房和商业用房等，住宅具有改善和保障居住功能，同时具备保值增值功能；商业用房同样不仅具有商业功能，同时具有保值增值功能。随着居民生活水平的和投资意识的提高，消费者对住宅和商业房产的购买需求大大增加，形成对房地产产品的直接消费。消费者在购买住宅和商业用房后的装修装饰，必然形成对装修装饰产品的购买和家居家电等生活用品的更新换代，从而形成装修装饰及家居家电等产品的消费。同时住宅和商业用房的增值和保值功能可以形成居民的财富增加效应，够刺激居民的消费欲望，进一步产生消费需求。房地产投资还包含土地费用，虽然支出法计算土地价值并不能够形成固定资产总额，但其中一部分为动迁、土地整理等支出。动迁支出是对原土地使用者的补偿，可对原土地使用者带来财富效应，刺激消费，使得这部分费用的大部分会进一步形成消费需求。

房地产生产时间长，需求资金量大，仅仅依靠房地产企业自有资金无法满足资金的需求，且仅使用自有资金无法满足房地产开发企业的投资资金效率最大化的要求，开发商往往会通过大量的外源融资来满足其资金需求。据统计，一个房地产开发项目的完成需要占总投资30%~50%的外源融资资金的支持，房地产投资促进了金融业的发展。另外，房地产投资形成的产品具有不动产属性，具有可抵押功能，随着人们超前消费意识的逐渐形成，越来越多的购房者或利用银行按揭或利用住房进行抵押贷款，从而促进了金融业的发展。

(二) 房地产投资对经济增长的间接促进作用

房地产投资对经济增长的间接促进作用，主要来源于其对上下游产业链的带动。房地产业的发展会带来其上游相关产业快速发展，而房地产产品后续的装修装饰等会带来其下游产业的投资和产出。由于投资的乘数效应，这些相关的上下游产业的发展同样可以带动其上游产业链相关产业的投资和产出。房地产投资可促进和带动对整个上下游产业链的投资、产出和发展。房地产开发的上游产业涉及水泥、钢材、石材、平板玻璃、化工建材等主要建筑材料产业，以及消防设施、水电暖器材、建筑机械、电力、运输机械等诸多建筑类相关产业，房地产投资增加可以促进其上游产业链的投资。房地产投资形成产品出售后，其后续的装修装饰环节和家居家电等日用品的更新换代，会带来这些下游产业链规模的扩张和投资的增加。房地产投资中包含的土地转让费用的大部分用于市政建设，会再次形成投资。

房地产投资对技术创新也有一定的促进作用。在产品生产过程中，由于市场竞争和政府干预，不断使用新技术、新工艺、新方法，从规划、设计、外观到房屋内部使用功能，不断优化，不断建造出宜居、舒适和节能的产品，例如主动式太阳能设计、被动式呼吸系统、基本智能化设备、智能控制系统等新技术的使用。在节能减排的大背景下，房地产投资在生产过程中不断使用新技术，不断创新施工工艺，大量使用先进的建筑材料，而节能环保材料的使用、先进的施工工艺的应用都要求房地产开发企业和建筑材料制造、建筑施工机械制造等企业不断进行技术创新。房地产投资促进了技术创新，从而间接促进经济增长。

许多城市的地标建筑往往都是商业地产、高层住宅或特色住宅。美丽的城市自然环境和优良的城市商业环境，不仅能够满足城市居民的居住和生活需求，而且有利于招商引资，促进区域经济增长。对于土地财政，理论界和业界已形成共识，地方政府的土地出让收入大部分会投入市政基础设施建设，促进城市商贸环境、投资环境和人文环境的改善，从而吸引企业投资和人口的聚集，对于增加产出、增加就业，促进消费，带动城市经济发展起到积极作用。

产业结构高度化是产业结构重心由第一产业向第二产业和第三产业逐

次转移的过程，标志着一个国家经济发展水平的高低和发展阶段、方向。房地产业为第三产业，房地产投资能够直接带来第三产业的产出，在调整产业结构、优化产业结构的过程中起到了积极的作用。

房地产业属于劳动密集型和资金密集型行业，不但需要大量的资金投入，还需要大量的管理人员、技术人员和技术工人。同时，由于房地产投资具有乘数效应，可以带动其上下游产业链的发展，带来更多的就业机会，促进更多的劳动力就业，房地产投资对缓解社会就业压力起到积极的作用。房地产投资，一方面可以缓解社会就业难问题，解决农业现代化产生的剩余农业劳动人口的就业问题；另一方面，房地产投资还可以促进更多劳动力参与社会生产，使更多劳动力在参与社会生产过程中提高劳动效率，为经济增长做出贡献。

(三) 房地产投资对经济增长影响的传导路径

房地产投资具有投资属性，有乘数效应功能。房地产投资流动途径为房地产生产带来房地产的产品（住宅、商业用房、办公楼等）产出，销售给消费者获得产品销售收入并形成企业利润。在这个资金运转过程中房地产企业付出生产成本，包含人力成本、生产原材料（上游产业链产品）、土地费用、生产费用、销售费用、财务费用、相关税费等，房地产企业支出的资金流转到员工、上下游企业、政府等环节。获得房地产企业支出的资金后，劳动者会进行消费，企业会进行再生产和投资，而在这个循环中形成的相关税费也会进行再分配，从而形成资金的流转和循环。在这个资金的流转和循环过程中，创造了社会价值，形成和促进了经济增长。房地产投资对经济增长影响传导路径可通过房地产投资资金运营流转路径显示，如图3-2所示。

图3-2描述了基于乘数效应的房地产投资对经济增长的资金运营流转路径，通过资金运营流转路径可发现房地产投资对经济增长影响路径和传导机制。房地产投资对经济增长影响包括房地产业的各个直接生产环节，主要有土地开发、建筑设计、建筑施工、水电暖施工、消防施工、交通运输、绿化、家装、融资等，这些房地产业生产环节可直接形成社会经济产出、国家税收和促进就业。同时还包含房地产业的上下游产业链的产出和再投资，与房地产业直接相关的上下游行业主要有水泥、钢铁、平板玻璃、石材、化工建材、消防器材、水电暖器材、建筑机械、交通运输机

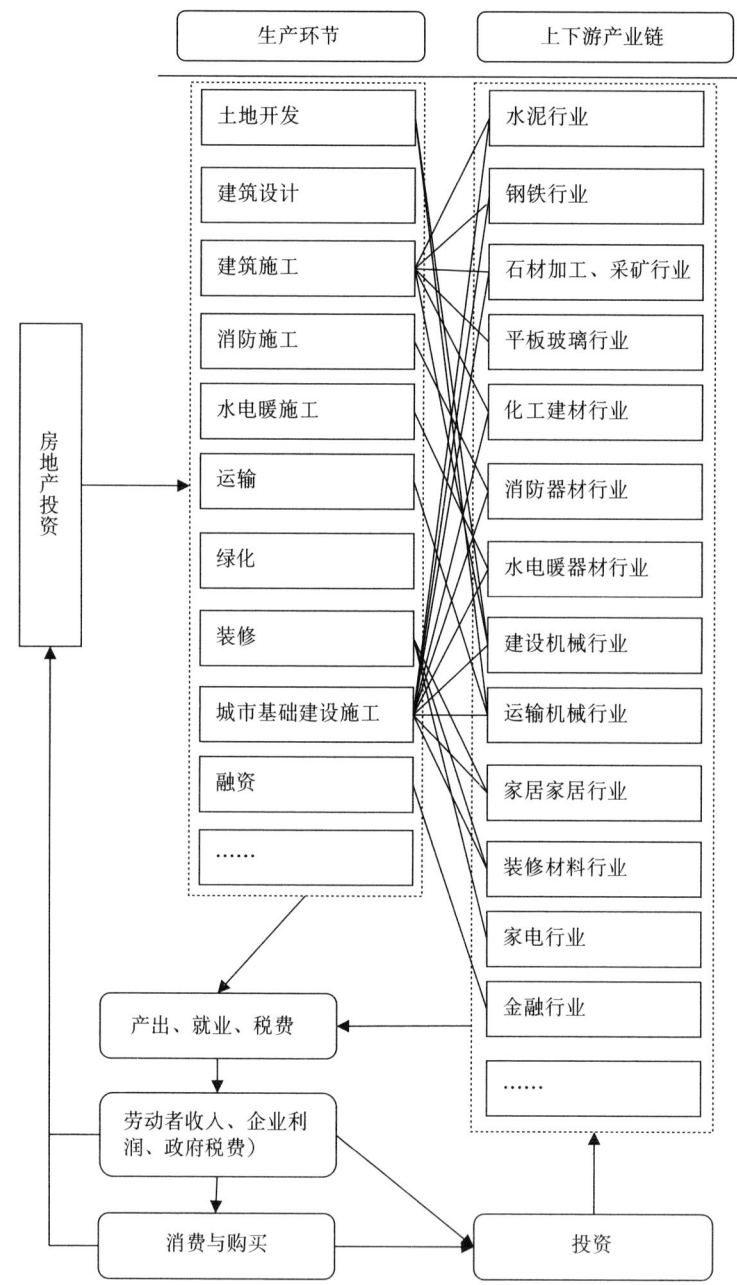

图3-2 房地产投资资金运营流转路径

械、装饰材料、家电、家居、金融等，间接影响的行业更多，房地产投资的增长可以促进这些行业的产出和投资，同样可形成社会经济产出、形成税收和促进就业。产出为企业带来利润，就业增加消费者收入必然促进消费，国家税收形成政府购买，利润、消费和政府购买将进一步形成包含房地产投资的社会再投资，形成一个具有乘数效应功能的循环路径，图3-2显示了房地产投资对经济增长的影响路径和传导机制，说明房地产投资对经济增长的直接影响和间接影响的促进作用明显。

3.2.2 房地产投资对经济增长的抑制作用

（一）房地产投资对经济增长的直接抑制作用

占用资金体量大、占用资金时间长、利润高，是当前房地产行业的特点，房地产投资的可观利润使社会资金趋之若鹜，不乏大量的传统行业企业也纷纷涉足房地产业。房地产投资资金体量大、占用时间长，势必导致过多占用社会资金，由于房地产业的高额回报，一些企业、银行信贷等金融机构资金优先考虑房地产业，而忽视了传统产业的资金需求，对传统产业投资或再生产产生挤出效应，导致产业失衡。在资金大量涌入房地产业的同时，制造业的资金流入减少，利润降低，忽视技术创新，致使传统制造业发展缓慢。1单位房地产投资的正向冲击，制造业企业的技术创新投入会下降1.35%，可见对新技术经济范式下制造业的创新带来挤出效应（肖珂，黄宗远，2019）。一个可以看到的趋势是，五大行正在逐年缩小对于制造业贷款的占比，比如建设银行2014年制造业贷款的占比为22.82%，金额达到14462.59亿元，但此后连年下滑，截至2018年底，已经收缩至12601.79亿元，占比16.85%。同样，工商银行对制造业的贷款占比从2014年的21.58%缩至2018年底的16.66%，中国银行从29.04%缩至23.51%，交通银行从25.10%缩至18.99%，农业银行从26.46%缩至18.22%。[①]

虽然房地产投资的增长可以增加作为第三产业的房地产业的产出，对于产业结构升级具有积极影响，但是由于生产过程中其占用大量的社会资

---

① 安卓. 五大行制造业贷款占比缩减，房地产信贷仍为股份行"大头"[EB/OL]. 第一财经，2019-04-10 22：31：28.

本，过热的房地产投资势必会导致部分传统产业企业因资金短缺而忽视技术创新，造成企业的研发能力下降、技术更新放缓，影响企业进一步发展，进而对整体经济结构和产业结构的升级换代形成负面影响。

另外，近些年来的房地产热，使房地产投资高速增长，而房价的高企使房地产产品的投资属性凸显。房地产投资的产品投资属性使其从消费品变为资金逐利的对象，使更多的居民消费者的资金流入房地产，尤其是随着房地产信贷被消费者的认可，不仅节衣缩食倾其所有，还按揭贷款，在很多消费者改善自住需求、投资需求得到满足的同时，也在一定程度上透支了消费者的消费能力，从而形成对其他消费的挤出。

（二）房地产投资对经济增长的间接抑制作用

虽然房地产投资对其上下游产业链带来的直接或间接的促进作用，但也应该认识到，一旦房地产投资波动，对经济稳定将带来极大的负面影响。众所周知，过热的房地产投资一定会带来大量房地产建设生产资料的需求，势必带来大量的相关产业投资以满足过热房地产投资带来的需求。然而过热的房地产投资是不可持续的，一旦遇到经济危机势必带来房地产投资增速下降或房地产投资的负增长，由于在房地产生产建设中所必需的众多中间产品对房地产业的单一依赖性，这些来自房地产业的上下游产业链产业或企业无法及时转型，进而形成产能过剩，导致其相关产业链产业结构的失衡，对社会和经济稳定发展带来不必要的风险。

另外，房地产投资的增长带动了与其关联的产业投资随之增加，由于资源的稀缺性和市场因素，土地、相关工业产出品等生产要素价格势必上涨，从而带来一些城市房价高企，劳动力生活成本上涨，致使一些劳动力不堪生活成本压力而转移，而劳动力成本的上升对企业带来压力，对经济增长形成负面影响。

3.2.3 房地产政策对房地产投资促进经济增长的保障作用

（1）积极的房地产政策促进了房地产市场的快速成长，促进房地产投资在经济增长中的影响作用。1998年住房制度改革加速了房地产市场化的进程，为房地产投资带来发展机遇，进一步促进房地产投资对经济增长的积极作用。1998—1999年，中国人民银行先后出台了《个人住房贷款管理办法》(银发〔1998〕190号)、《关于开展个人消费信贷指导意见》(银发〔1999〕73号)、《关于调整个人住房贷款期限和利率的通知》(银传〔1999〕44号)等文件,其中贷款首付比例可低至2成、住房贷款期限可延长至30年。1999年财政部、国家税务总局、建设部陆续出台了《关于调整房地产市场若干税收政策的通知》(财税字〔1999〕210号)、《关于个人出售住房所得征收个人所得税有关问题的通知》(财税字〔1999〕278号),对房地产二级市场涉及的契税、土地增值税、个人所得税等实行优惠,减轻个人买卖普通住宅的税收负担。当年这些政策的颁布实施,对房地产市场的快速发展起到了积极作用,促进了房地产投资的快速增长,房地产投资在经济增长中的积极影响作用逐渐显现。

(2) 适度调控的房地产政策保证了房地产市场的健康发展,促进房地产投资对经济增长的正向影响作用。随着房地产市场的逐渐完善,房地产投资的快速发展,居民对房地产刚需和投资需求放量增长,带来国内房价高企,给民生和经济发展带来一定负面影响。房价过快增长,房地产企业可轻松获得高额回报,一些实体企业也纷纷涉足房地产,大量资金向房地产行业渗透,严重限制了传统制造业的发展和创新,另外,房价增长过快,容易产生房地产泡沫。为稳定房价,促进房地产市场健康发展,中央及各地方政府出台了一系列宏观调控手段,包括增加住宅用地供应、提高住宅用地的使用效率、调整税收政策、征收个人所得税、实施差别化住房税收、增加保障性住房的供应量、实行限购限贷等政策,这些政策的实施有效抑制了房价过快增长,保证了房地产市场健康稳定发展,促进了房地产投资对经济增长的有效性和持续性。

3.3 本章小结

本章首先对房地产投资与经济增长相关的理论基础进行系统阐述,主要为基于哈罗德—多马经济增长的投资理论、基于新古典经济增长理论的房地产投资理论、基于城市化集聚经济的房地产投资理论和基于投资乘数效应房地产投资理论,作为本书研究的基础理论。

其次对房地产投资对经济增长的影响机制和机理进行分析，基于促进作用和抑制作用两个方面，分别就房地产投资对经济增长的直接影响和间接影响进行了分析和论证。

最后对房地产政策在房地产投资促进经济增长中说起的作用与影响做了分析和阐述，积极的房地产政策可以促进房地产投资对经济增长的正向作用。

第 4 章

房地产投资与宏观经济关系研究

前文对国内外文献进行了梳理,并就相关理论进行阐述和分析,为后续研究提供了基础,本章主要对房地产投资与宏观经济的关系进行梳理和分析,基于中国房地产投资发展现状分析、房地产投资与经济增长的关系以及房地产投资对三次产业关系等三个方面进行分析和研究。

4.1 中国房地产投资发展现状分析

4.1.1 中国房地产市场发展历程

(一)房地产市场萌芽阶段(1980—1986年)

我国房地产发展起始于1980年,这一年4月邓小平同志作了关于住房问题的谈话,提出房子可以出售、出租,购买房屋可以分期付款。房改和土改同时被推动,房地产作为一个产业开始进入萌芽阶段。不过由于当时计划经济的沿袭,单位福利分房是当时人们获得住房的主要方式,加上经济环境,自己花钱改善住房条件意愿并不高,房地产业的规模很小。

1984年,国家计委、经委、统计局、标准局等批准颁布了《国民经济行业分类标准和代码》首次正式将房地产列为独立的行业。

(二)房地产市场起步阶段(1987—1997年)

1987年,新中国在深圳首次进行了土地使用权的拍卖,催化全国房地产加速发展，标志着中国地产开始真正进入商业化。

1991年11月，国务院办公厅下发了《关于全面进行城镇住房制度改革的意见》，单位住房改革也进一步推动了房地产市场的发展。

1992—1993年房地产市场进入一个非理性的膨胀期。据统计，1988年全国房地产公司为3124家，此后3年全国房地产公司基本上维持在这个数量，1992年底这个数字却一下子变成了1.2万家，到1993年增加到3万多家。1992年，全国商品房的销售额达440亿元，比上一年增长了80%。

这里不得不说1993年的房地产调控。1993年房地产调控源于海南省房地产泡沫，随着1988年海南省的成立，怀抱梦想去海南省淘金者趋之若鹜，房地产成为当时去海南省淘金人的致富捷径。当时这座人口仅为655.8万人的海岛上，商品房却占到了全国总数的10%。针对当时这种近乎疯狂的非理性投资，1993年6月24日国务院发布《关于当前经济情况和加强宏观调控意见》，一路高歌猛进的海南房地产热戛然而止，这是中国政府第一次针对房地产市场提出的调控政策。海南房地产泡沫的破裂引发全国房地产硬着陆，房地产市场一下子回到了起点。

（三）房地产市场发展阶段（1998—2004年）

1998年受亚洲金融危机影响，中国经济下行压力加大，房地产被认为可以拉动中国经济的重要手段被重新提出来。1998年7月3日国务院颁发了《关于进一步深化城镇住房制度改革加快住房建设的通知》，正式开启了以"取消福利分房，实现居民住宅货币化、私有化"为核心的住房制度改革。此次住房制度改革，是我国改革史上重要的改革内容之一，对当时不温不火的房地产市场无疑带来一剂良药，标志着房地产市场进入了全面发展的新时期。

2003年开始，房地产市场进入了快速发展阶段，房地产投资不断增加，由于房价也不断上涨，房地产投资利润暴涨致使很多传统行业向房地产行业渗透，资金大量流入房地产业，消费者购房后房屋资产价值快速增加催生了老百姓购房热情，房地产业进入了一个快速发展时期。

（四）房地产市场快速发展叠加调控阶段（2005年至今）

由于房地产市场快速发展，投机、炒房等非理性购房持续升温，致使房价上涨过快，也引发了一系列社会问题。尤其在2004年和2005年，全国住宅均价年涨幅高达15%。2005年3月26日国务院出台了《国务院办公厅关于切实稳定住房价格的通知》，当时被称为房地产调控国八条。以此为起点，后续的14年里，政府使用一系列手段对房价进行调控，然而，一系列政策并未压制房价的上涨，2007年房价涨幅甚至高达16.9%，直到2008年的金融危机才开始冷却。然而2008年，由于国际金融危机爆发，为稳定经济增长，房地产调控政策开始转向刺激住房消费，推出信贷支持，结果2009年房价大涨24.7%。房地产刺激政策导致房价暴涨，房地产调控政策又从刺激导向开始转向抑制导向。2014年开始，中国经济面临下行压力，房地产库存较大，接连出台刺激房地产市场政策，2015年，以深圳为代表的一线城市量价齐升，随后陆续扩散至二线和三、四线城市。2016年开始针对房价上涨过快的城市出台以限购为主的调控政策，2018年部分城市为稳定经济去库存针对限购政策有放开迹象，2019年又开始收紧。

这个发展阶段，房地产调控政策几乎每年出台一个，甚至一年内出台多个。但可以说这个时期是中国房地产市场发展的黄金时期，房地产市场在调控中快速发展，房地产投资一直以较高增速发展，2014年增速有所下降，但近年来房地产投资占固定资产投资额比重和房地产投资占GDP比重一直保持较高水平，说明房地产投资与经济发展水平趋于同步，在经济发展中的地位依然很重要。

4.1.2 中国房地产投资发展现状

改革开放以来，中国经济和社会获得了快速发展，劳动生产率的提高和经济及生产要素的集聚动力，使劳动人口等生产要素大量流向城市，激发城市发展动力。城市社会经济的快速发展进步，极大地促进了房地产业和房地产市场的发展，房地产投资作为房地产市场发展不可缺少的经济行为成为当前经济增长不可或缺的动力。由于房价高企，地产投资可以获得超额回报，而资本的逐利性，使得更多的资金进入房地产市场，快速形成房地产投资，很多传统制造企业或其他服务业纷纷涉足房地产业，甚至不乏很多国有企业也纷纷去搞房地产投资。

房地产业在促进消费、扩大内需、推动城市建设、提高人们居住生活水平等方面发挥了重要作用。与此同时，随着房地产投资在社会固定资投资额中的比重迅速上升,房地产业成为国民经济的支柱产业。众所周知,投资、消费、出口为拉动经济增长的三大动力,作为投资的重要组成部分,房地产投资对影响经济增长影响作用较大。目前为止,中国房地产市场经历了近20年来发展快速,据统计,2000—2018年房地产投资年均名义增长率达到19.35%,比国内生产总值名义增长率高出了6.38个点,房地产投资增速远远超出国内生产总值的增速。

图4-1为2000—2018年中国房地产投资水平情况,从中可以看出中国房地产投资从2000—2018年的变化过程,随着我国市场经济的稳步发展,房地产市场也逐步完善和发展,房地产投资逐年增加。自2000以来我国房地产投资逐年上涨,2000年全国房地产开发投资只有4984.05亿元,到2018年全国房地产开发投资达到了120264.51亿元,是2000年的24倍,这只是利用18年的时间完成的,可见其发展水平和发展速度。期间房地产投资发展速度虽然有波动,但是一直保持正向的增长水平,除了2015年房地产投资的增长水平略有停滞外,其余时间均保持了较高的增长水平,尤其是在2010—2014年,增长水平显得尤为突出,应是2008年全球经济危机,为刺激经济增长量化宽松的货币政策导致大量资金流入房地产市场,导致房地产投资水平大幅增加。

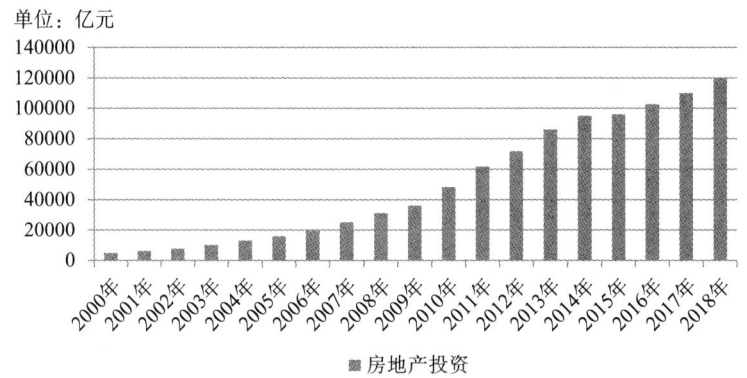

图4-1 2000—2018年中国房地产投资水平

图4-2是2000—2018年中国国内生产总值、房地产投资的名义增长率,可以看出,房地产投资增速在2010年达到峰值,主要是受美国房地产泡沫引发全球金融危机后,中国政府出台了4万亿元投资计划的宽松量化货币政策,其中大量资金进入房地产业,形成房地产投资所致,之后房地

产投资增速一路走低，2015年增速达到最低值，仅为0.99%，2016年房地产投资增速回到6.88%，2018年回升到9.53%，与名义国内生产总值增速相近。虽然房地产投资波动较大，但是从图4-2中可以看出，房地产投资增速波动与GDP波动几乎是同方向的，并且房地产波动的周期与宏观经济周期波动趋势相同，可推测房地产投资与经济增长之间有着相互影响的关系。

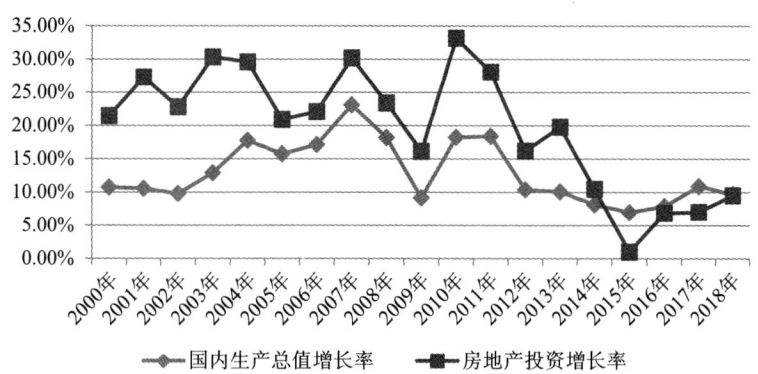

图4-2 2000—2018年中国国内生产总值、房地产投资名义增长率

图4-3是2000—2018年中国房地产投资占国内生产总值的比重，从中可以看出房地产投资占国内生产总值比重2000年仅为4.97%，然后一路单边上行，到2014年达到最高值，为14.82%，说明2014年之前中国房地产投资一直处于快速发展阶段，为经济发展和城市建设发展做出一定贡献。虽然2014年之后略有小幅下滑，但2014年之后的几年房地产投资占国内生产总值比重一直维持在13.36%~13.99%。2015年开始房地产市场趋于平稳，但房地产投资占国内生产总值比重依旧保持在较高比例，房地产投资保持着较高的水平且平稳发展。

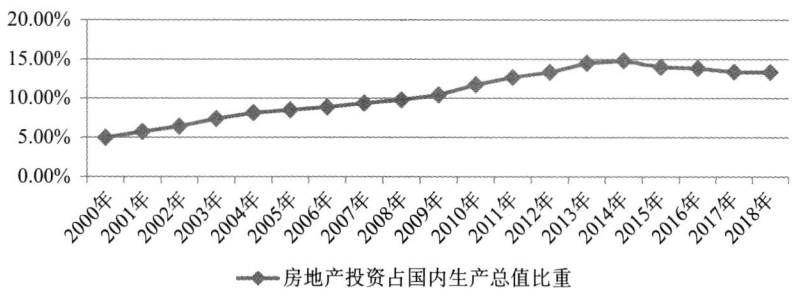

图4-3 2000—2018年中国房地产投资占国内生产总值比重

图 4-4 是 2000—2018 年房地产投资占全社会固定资产投资的比重情况，可以看出，2000—2018 年房地产投资占全社会固定资产投资比重一直维持较高的比重，在 15%~20% 水平之间波动。2000—2018 年的房地产投资占全社会固定资产投资比重存在两个最低点，一个是 2000 年的 15.14%，另一个最低点是 2009 年的 16.14%，2000 年的最低点是由于中国房地产市场发展伊始，房地产投资占固定资产比例相对较低，而 2009 年的最低点是由于美国房地产泡沫引发的全球金融危机导致的中国房地产市场低迷所致。2011 年房地产投资占全社会固定资产投资比重最高，达到了 19.84%，之后这个比重值有所下滑，2015 年下滑较多，房地产投资占全社会固定资产投资比重降为 17.08%，而 2016 年和 2017 年房地产投资占全社会固定资产投资比重基本维持 2015 年的水平，直到 2018 年房地产投资占全社会固定资产投资比重才有所回升，达到 18.63%。

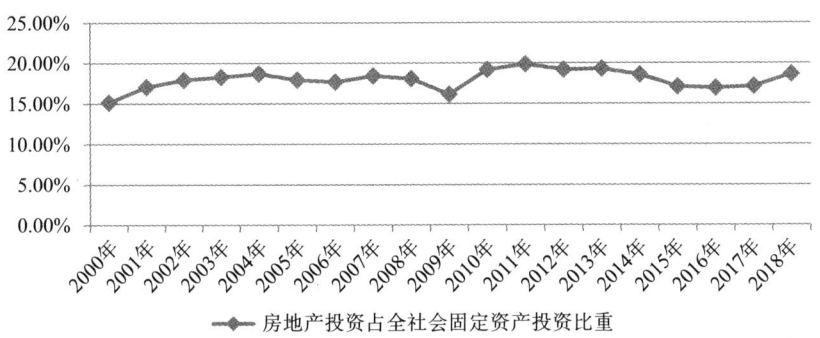

图 4-4　2000—2018 年房地产投资占全社会固定资产投资比重

通过回顾中国房地产市场发展历程并分析房地产投资现状，可以看出房地产投资与经济增长具有相同周期发展趋势，可以认为房地产投资能够有效拉动国民经济增长，或者是经济的发展带动了房地产投资的增长。房地产投资在国民经济发展中具有重要地位，国民经济持续发展需要持续平稳的房地产投资。

4.2　房地产投资与经济增长关系分析

本部分就房地产投资对我国经济增长关系方面，从长期趋势影响和短期波动影响方面深入分析房地产投资与经济增长之间的相互影响和贡献关系。李楠等（2012）认为，房地产投资与国民经济发展总体上存在长期协整关系。安同信和张婉（2014）认为，房地产投资对经济增长有正向促进作用，通过发挥产业链效应带动其他产业的发展来促进经济增长，是经济增长的主要拉动力量之一。

4.2.1 理论分析

根据古典经济增长理论，经济增长是技术进步、资本投入和劳动力共同的作用，而房地产投资作为固定资产投资的重要组成部分，基于乘数效应，房地产投资能够促使更多社会资本转化为生产投资，可对社会经济增长形成贡献。房地产投资不仅可创造房地产业产出，而且还可以带动其上、下游多个相关产业发展。房地产投资不仅可提升本地区经济增长，同时会产生空间溢出效应，从而带动周边地区的经济增长（张洪等，2014）。另外，随着经济发展，劳动者收入的增加，人们精神物质需求的提升，带来的扩大再生产、城市环境建设、投资需求、改善居住环境等均要求房地产投资的增长，一定程度上可以说是国民经济发展带动了房地产投资的发展。根据宏观经济学的国民经济核算原理，房地产投资对于国民经济的增长也具有乘数效应，同时具有乘数—加速数效应，房地产业的产值每增加1%，会促使相关产业的产值增加1.5%~2%，近年来，由房地产业拉动影响应在2%以上（王利蕊，2013）。

房地产投资的增长与经济发展密不可分，相互影响。房地产投资与经济增长之间具有同向的相关关系，房地产投资对推动经济增长有积极作用。中国房地产业对经济增长的贡献达到9.92%，房地产投资和经济增长相互促进，但是后者对前者的影响更大，前者对后者的影响相对差一些（况伟大，2010，2011）。而宁琰和许鹏（2008）研究发现经济增长与房地产投资以及经济增长与固定资产投资都具有双向格兰杰因果关系，房地产投资和固定资产投资对经济增长均可以形成正向影响，同时经济增长也促进了房地产投资和固定资产投资的增加。然而 Harris 等（2006）认为房地产投资并非经济增长的原因，而是经济增长导致了房地产投资的增加。对于房地产投资与经济增长之间的关系学者们也是有着不同看法。

房地产市场的剧烈波动，会对宏观经济造成巨大冲击（冯科，2016）。房地产投资波动对经济影响较大，由于房地产投资资金占用量大、上下游产业链多，短期内能够拉动其上下游产业链的投资和产出，但同时也应该看到，过热的房地产投资可能会对传统产业带来挤出效应，房地产投资突然降速也可能会带来其上下游产业链如钢铁、水泥等产业调整不及时，而造成产能过剩，影响社会和经济稳定发展。

4.2.2 数据选取与处理

（一）数据选取

本部分用 FDC 代表中国房地产投资、用 GDP 代表中国经济发展水平。本部分所有数据均来自中国国家统计局数据库（国家统计局数据显示，中国房地投资主要包含房地产住宅投资、房地产办公楼投资、房地产商业用房投资和其他房地产投资）。

1999 年，中国开始取消住房实物分配，改为住房货币化补贴，标志着中国房地产市场化的开始。自此中国房地产业进入了快速发展期，房地产投资与经济增长关系也日趋紧密。考虑到 2000 年以前数据由于政策变化，数据波动较大，连续性差，本书实证分析选取的样本区间为 2000 年第 1 季度至 2018 年第 2 季度，包括 74 个季度样本。

（二）数据处理

由于选取的数据为季节数据，而中国传统节日春节一般位于 1 月或者 2 月，对中国一季度各项经济数据影响较大，存在一定的季节周期性。为消除季节周期性因素，首先对数据做季节周期调节，利用 Eviews 8.0 中的 census－x13 对数据进行季节周期调节得到数据 FDC_D11、GDP_D11。然后分别取对数，得到数据 $LNFDC\_D11$、$LNGDP\_D11$。

4.2.3 房地产投资与 GDP 的协整检验

为消除实证研究伪回归影响，我们在进行实证研究之前，首先对经过季节调节后并取对数的数据 $LNGDP\_D11$、$LNFDC\_D11$ 进行平稳性检验，我们用 Eviews 8.0 进行 ADF 单位根检验。结果显示，变量 $LNGDP\_D11$、

LNFDC_D11 在 1% 显著水平下均为非平稳序列。变量 LNGDP_D11、LNFDC_D11 一阶差分后均在 1% 显著水平下平稳，变量 LNFDC_D11、LNGDP_D11 为一阶单整，见表 4-1。

表 4-1　　　　　　变量单位根检验结果（1）

检验变量	c, t, k	ADF 检验 t 统计量	1% 显著水平	5% 显著水平	10% 显著水平	P 值	结论
LNFDC_D11	c, 0, 0	-4.2118**	-4.5229	-2.9018	-2.5883	0.0232	非平稳
DLNFDC_D11	c, 0, 0	-9.8647***	-4.5242	-2.9024	-2.5886	0.0000	平稳
LNGDP_D11	c, 0, 0	-1.3437	-4.5229	-2.9018	-2.5883	0.6049	非平稳
DLNGDP_D11	c, 0, 0	-4.8638***	-4.5242	-2.9024	-2.5886	0.0037	平稳

注：*、**、*** 表示分别在 10%、5%、1% 显著水平下拒绝原假设。

根据古典经济增长理论，经济增长由资本、技术、人力共同促进，这里假设其他非房地产投资对经济增长影响不变，不存在技术创新和人力资源不变的情况下，仅考虑房地产投资对经济增长影响，可建立模型：

$$\text{LN}GDP\_D11 = \beta_1 + \beta_2 \text{LN}FDC\_D11 + \mu \quad (4-1)$$

估计回归模型并对其进行协整检验，生成残差变量，对残差变量单位根检验 $t = -2.4860$，经计算在 5% 显著水平下的麦金农临界值 $C_{0.05} = -4.4200$，由于 $t = -2.4860 > C_{0.05} = -4.4200$，不能拒绝存在单位根的原假设，模型可能存在自相关，协整方程非平稳，用 OLS 估计回归模型可能存在违背古典假设问题。作为时间序列数据模型，考虑存在自相关的可能性，观察 $DW = 0.2925 < DL = 1.571$，表明存在自相关。自变量加入 $AR(1)$、$AR(2)$ 消除一阶和二阶自相关，估计回归模型并检验，此时有，

$$DL = 1.571 < DW = 2.0371 < 4 - DU = 2.320$$

模型已不存在自相关，检验残差统计量为：

$$t = -8.5304 < C_{0.01} = -4.0479$$

在 1% 显著水平下拒绝模型存在单位根的假设，表明协整关系成立。协整方程如下：

LNGDP_D11 = -2609.4730 + 0.0976LNFDC_D11 + [$AR(1) = 1.3486$] + [$AR(2) = -0.3485$]
　　　　　　　（1228828）　　（0.0191）　　　　　　（0.1182）　　　　　　（0.1175）
　　　　　　　[-0.0021]　　　[5.1051]　　　　　　　[11.4063]　　　　　　　[-2.9651]

$$(4-2)$$

由此可以看出，LNGDP_D11 与 LNFDC_D11 存在一定的长期均衡关系，主要是由于经济发展导致集聚集群效应，劳动人口尤其是农业剩余劳动力向效率更高、工业、商业、服务业、文化、科技更发达的城市和城镇流动。满足人们居住、生活、文化需求的城市建设离不开房地产投资，城市建设和人口居住需求等因素拉动房地产投资的增长；另外，随着人们收入增加和投资意识增强，改善居住环境和投资需求也进一步刺激了房地产投资的增长。房地产投资作为投资具有乘数效应，其相关产业链长，房地产建设需要大量的建设生产资料，房地产建设对生产资料的需求带来新一轮的投资和产出，同时，房地产投资后续还可以带来家装、家具、家电、家居等消费增长，在一定程度上可带来经济产出增长。可见，经济增长与房地产投资存在长期均衡关系。

4.2.4　房地产投资与 GDP 短期影响关系分析

根据4.2.3中表4-1单位根检验结果，LNFDC_D11、LNGDP_D11 的 ADF 检验统计量均大于0.01水平下的临界值，为非平稳时间数列，对变量差分得到 DLNFDC_D11、DLNGDP_D11，变量 DLNFDC_D11、DLNGDP_D11 均在0.01水平下拒绝原假设，不存在单位根，为平稳时间序列。另考虑对变量取对数后差分可认为是变量的增长率，具有一定经济学意义，可利用此变量建立模型进行实证分析。

（一）建立 VAR 模型

对时间数列 DLNFDC_D11、DLNGDP_D11 建立 VAR 模型，首先利用 Eviews 软件 Lag length Criteria 寻求滞后最优标准，利用 Eviews 8.0 输出估计结果（检验结果见表4-2），根据 LR、FPE、AIC、SC 和 HQ 值来选择模型的滞后阶数，并在充分考虑方程及其变量显著性水平的基础上，确定模型的滞后阶数为4。

VAR 模型是一种基于数据的统计性质而建立的自回归模型，VAR 模型既能避免划分内生变量与外生变量时的主观随意性、克服对变量交叉影响的估计中内生解释变量所造成的联立偏差，又能分析随机扰动对变量系统的动态冲击，从而解释各种经济冲击对经济变量形成的影响。

表4-2　Lag length Criteria 输出 VAR 模型最优滞后结果（1）

Lag	LogL	LR	FPE	AIC	SC	HQ
0	325.1965	NA	2.55e-07	-9.5058	-9.4405	-9.4799
1	347.1712	42.0105	1.50e-07	-10.0344	-9.8387*	-9.9568*
2	348.7846	2.9896	1.61e-07	-9.9643	-9.6379	-9.8349
3	349.8515	1.91421	1.76e-07	-9.8780	-9.4210	-9.6969
4	360.9245	19.2149*	1.43e-07*	10.0860*	-9.4985	-9.8532
5	362.1201	2.0043	1.56e-07	-10.0035	-9.2855	-9.7190

建立关于 $DLNFDC\_D11$、$DLNGDP\_D11$ 的 VAR 模型如下：

$$Y_t = A_0 + A_1 Y_{t-1} + A_2 Y_{t-2} + A_3 Y_{t-3} + \cdots + \varepsilon_t \quad (4-3)$$

其中，Y_t 是由上述2个内生变量组成的向量，即

$$Y_t = (DLNFDC_{D11}, DLNGDP'_{D11})'$$

ε_t 为扰动向量，A_1，A_2，A_3 等为参数矩阵。我们选择模型的滞后期为4，利用 Eviews 8.0 输出 VAR 模型估计结果，见表4-3。

表4-3　变量 $DLNFDC\_D11$ 与 $DLNGDP\_D11$ 的 VAR 模型估计结果

	$DLNGDP\_D11$	$DLNFDC\_D11$
$DLNGDP\_D11$（-1）	0.6928 (0.1421) [4.8759]	0.8755 (0.5238) [1.6714]
$DLNGDP\_D11$（-2）	-0.1753 (0.1669) [-1.0503]	0.1070 (0.6153) [0.1739]
$DLNGDP\_D11$（-3）	0.0105 (0.1674) [0.0627]	-1.3575 (0.6173) [-2.1993]
$DLNGDP\_D11$（-4）	0.0392 (0.1357) [0.2890]	0.4105 (0.5004) [0.8204]
$DLNFDC\_D11$（-1）	0.0094 (0.0320) [0.2929]	-0.1663 (0.1178) [-1.4114]

续表

	DLNGDP_D11	DLNFDC_D11
DLNFDC_D11（-2）	0.0427 (0.0313) [1.3650]	0.0165 (0.11534) [0.1429]
DLNFDC_D11（-3）	0.0089 (0.0306) [0.2918]	0.2647 (0.1128) [2.3471]
DLNFDC_D11（-4）	0.0394 (0.0284) [1.3865]	0.4539 (0.1046) [4.3384]
C	0.0088 (0.0038) [2.2999]	0.0175 (0.0141) [1.2470]

注：（ ）内为标准误差，[ ] 内为 t 统计量。

（二）VAR 模型稳定性检验

我们利用 Eviews8.0 对 VAR 模型进行 AR 根检验。如果 VAR 模型所有根的模的倒数都小于 1，即都在单位圆内，则该模型是稳定的；如果 VAR 模型根的模的倒数存在大于或等于 1 的情形，则该模型是不稳定的，如果被估计的 VAR 模型不稳定，则得到的结果有些是无效的。

如图 4-5 所示，VAR 平稳性检验结果表明，所有单位根的模的倒数均小于 1，均在单位园内，VAR 模型稳定，结果有效，可以进行下一步的脉冲响应分析和方差分解分析。

（三）脉冲响应分析

通过运用脉冲响应分析，可以分析房地产投资与国内生产总值影响的动态变化趋势。脉冲响应函数刻画的是在扰动项上加一个一次性的冲击对于内生变量当前值和未来值所带来的影响。它的优点在于不需要考虑变量的外生性和内生性，每一个模型含有相同的滞后结构。在 VAR 模型中，对第 i 个变量的冲击不仅直接影响第 i 个变量，并且通过 VAR 模型的动态（滞后）结构传导给所有的其他内生变量。

图 4-6 和图 4-7 中，横轴表示冲击作用的滞后期间（单位：季度），纵轴表示响应数；实线表示脉冲响应函数；虚线表示两倍标准差的偏离线。

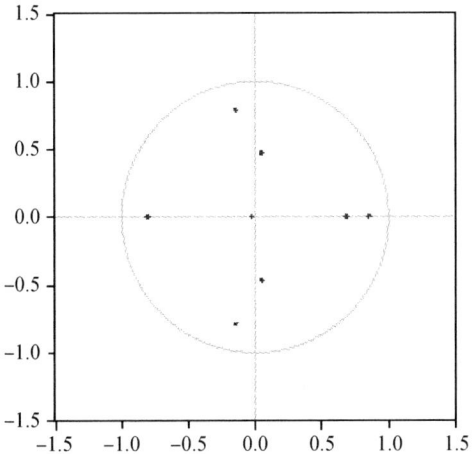

图 4-5　VAR 模型平稳性 AR 根检验结果（1）

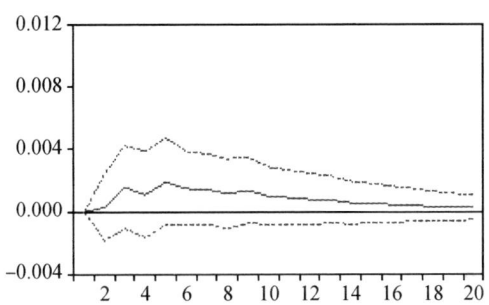

图 4-6　DLNGDP_D11 对 DLNFDC_D11 的脉冲响应

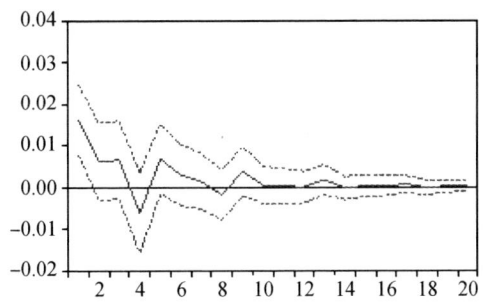

图 4-7　DLNFDC_D11 对 DLNGDP_D11 的脉冲响应

通过图 4-6 可以看出，对于变量 DLNFDC_D11 的一个正向单位冲击，变量 DLNGDP_D11 响应存在一个滞后期，滞后 1 期开始开始响应，滞后 3 期达到一个次顶点，在滞后 4 期回落，到后滞后 5 期达到最大值，然后逐渐回落，持续到 20 期以后逐步回归于初始 0 点。变量 $DLNGDP\_D11$ 对于变量 $DLNFDC\_D11$ 的冲击，反应持续时间较长，一直持续 20 期以上。说明房地产投资增长对于国内生产总值增长作用明显，且持续时间相对也较长。通过图 4-7 能够看出，对于变量 $DLNGDP\_D11$ 的一个单位的正向冲击，变量 $DLNFDC\_D11$ 反应强烈，第 1 期开始即到达到最高点，为 0.0163，滞后 2 期下降到 0.0061，经历滞后 3 期微升后滞后 4 期迅速下降且变为负向响应后，到滞后 5 期又回到 0.068，之后响应为震荡向 0 点收敛。说明经济增长对房地产投资增长的影响较快且较大，但作用时滞较短。

通过脉冲响应分析，可以看出房地产投资对于国内生产总值作用持久性更长，这也验证了投资对于经济增长作用的持久性。但是不可否认的是从实证结果看房地产投资对于经济增长作用较小，最大时的冲击也仅为 0.2%，比起国内生产总值的增长带给房地产的冲击小得多。而梁云芳、高铁梅（2006）利用 1995—2005 年数据实证得出结论房地产投资对于经济增长的冲击达到 0.1。这说明随着我国经济发展，房地产投在对促进经济增长作用中所占比重越来越低，中国经济已经从过度依靠房地产投资拉动经济型转为更加合理的消费、投资、对外贸易来拉动经济增长。

（四）方差分解分析

对代表国内生产总值的 $DLNGDP\_D11$ 和代表房地产投资的变量 $DLNFDC\_D11$ 之间影响关系进行方差分解，有助于我们进一步分析房地产投资与国内生产总值的相互影响关系。变量 $DLNGDP\_D11$、$DLNFDC\_D11$ 的方差分解结果如图 4-8、图 4-9 所示：

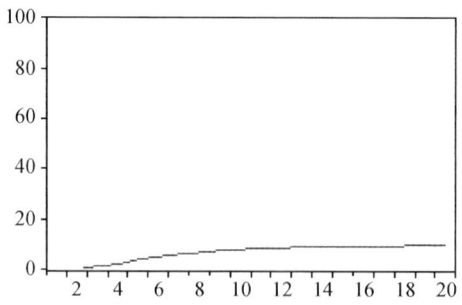

图 4-8 $DLNFDC\_D11$ 对 $DLNGDP\_D11$ 的贡献度

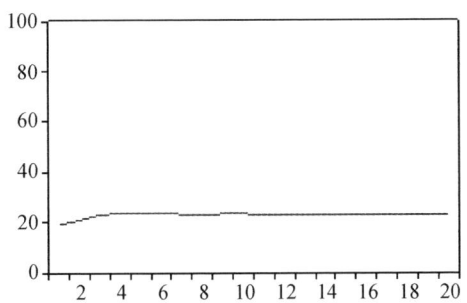

图 4-9　DLNGDP_D11 对 DLNFDC_D11 的贡献度

对代表国内生产总值的变量 DLNGDP_D11 和代表房地产投资的变量 DLNFDC_D11 进行方差分解后，对比图 4-8 和图 4-9 的输出结果，由图 4-9 的可以看出，国内生产总值对于房地产投资的贡献度较大，滞后 1 期就达到了 19.25%，之后逐渐增加，滞后 3 期达到 24.17%，滞后 3 期之后贡献度保持了较高的平稳态势，贡献作用可谓不小；而从图 4-8 可以看出，房地产投资对于国内生产总值的贡献反应相对滞后，滞后 1 期还没有形成贡献，滞后 2 期为 0.064%，逐年增加，到第 9 期达到 7.76%，之后增加趋势呈现缓慢趋势，到滞后 20 期为 9.72%，贡献度相比国内生产总值对于房地产的贡献度小的多。通过方差分解验证了上面脉冲响应分析的结论，国内生产总值增长带动房地产投资作用响应更快、作用更强，而房地产投资对国内生产总值的直接冲击带来的促进作用迟滞且相对较小。分析其原因，主要由于对经济增长的影响和贡献因素较多，拉动经济增长的三大动力投资、消费、出口之中，房地产投资只是作为投资中的一部分，而在经济增长对房地产投资的影响和贡献中，在影响房地产投资增长的因素中经济增长占比相对较大，经济增长对其影响显得相对突出。房地产投资具有投资属性，由乘数效应可知，房地产投资可带动其上游产业如钢铁、水泥等建筑材料产业的投资和产出，而这些产业的扩大再生产投资和产出需要一定的迟滞反应时间，另外房地产投资所形成的产品后期对装修、装饰、家电、家居等相关产业的需求和消费，以及相关产业的扩大再生产投资和产出也需要一定的滞后期。同时也应该看到，房地产投资占用过多社会资金也对传统产业投资和其他生产要素具有一定挤出效应，同时房地产投资波动过大可能会造成物价上涨、产能过剩等一系列社会经济发展失衡问题，从而带来对经济增长的抑制效应，也是房地产投资对经济增长作用相对于经济增长对房地产投资影响较小的另一个原因。

通过 VAR 模型、脉冲响应函数分析和方差分解分析，房地产投资与 GDP 之间存在相互作用关系。GDP 对房地产投资影响作用更大，但房地产投资对 GDP 的影响时滞时间更长，影响作用持续更久。房地产投资对 GDP 影响为第二期开始，影响持续到 20 期，而 GDP 对房地产投资的影响相对较大，但持续影响时间相对较短，影响作用主要为在滞后 1 期至滞后 8 期之间。综上分析，房地产投资的增长受到 GDP 波动的影响，而房地产投资同样也影响着 GDP 的增长。可见，房地产投资与经济增长存在短期相互影响。

4.3 房地产投资与三次产业关系分析

房地产投资在促进消费、扩大内需、推动城市化建设、提高人们居住水平等方面发挥了重要作用。虽然房地产业属于第三产业，但房地产投资涉及产业链长，上下游相关行业多，对国民经济第一、二、三次产业发展均起到了举足轻重的作用，房地产投资也常常是政府宏观调控的首选对象。现有的关于房地产投资对经济影响的研究，很多学者对关于房地产业与中国国民经济发展关系进行了研究和论述，一些文献对房地产业与三次产业发展关系也进行了论述和论证。亦有一些学者对房地产投资与中国经济发展进行了理论和实证方面的论述和研究，但更多的文献是论述房地产投资与国民经济总量之间的贡献与影响，或是依据面板数据的经济模型研究房地产投资对于区域经济的影响，而针对房地产投资与三次产业的影响关系和贡献量化研究较为少见，因此定量分析房地产投资对中国三次产业的影响关系，从数量上明确中国三次产业发展与房地产投资的互动关系，可以厘清房地产投资与宏观经济之间的内在联系，对于适时调整房地产经济政策，促进中国经济协调发展具有积极意义。有必要以此为目标，定量分析房地产投资与中国三次产业的相互影响关系，揭示房地产投资与中国三次产业协调发展的路径与机制。基于此，本书尝试基于国家统计局公布的 2000 年以来的季节数据对房地产投资对三次产业的影响和贡献进行量化分析。

4.3.1 理论分析与研究假设

（一）房地产投资与三次产业发展关系

房地产投资对经济增长有着很大的贡献，同时经济增长也影响了房地产投资增加（谢凝芳等，2017）。而沈悦、刘洪玉（2004）则认为GDP对房地产投资存在显著的单向因果关系，GDP对房地产投资的影响远大于后者对前者的影响。工业革命给社会带来生产方式的升级换代，技术创新带来生产效率的提高，工业化生产为人们带来更多的便利生活消费品，同时也带来效率更高的生产资料，使社会经济得到快速发展。根据城市化发展理论，随着现代经济效率的提高、工业化进程加快，农业部门劳动力人口过剩，必然向效率更高、就业机会更多、薪酬更高的城市聚集。城市人口增加对房地产产生的需求必然刺激房地产投资增长，而城市开发建设也离不开房地产投资。随着经济的增长，劳动者收入增加，对日常生活质量提出更高要求，房地产不仅能满足其住房条件改善需求，而且增值保值功能可以满足投资需求。产业扩大再生产等需求也需要房地产投资，这些需求进一步刺激了房地产投资快速增长。房地产市场是随着经济的发展、工业化进程的加快而发展起来的，工业化进程的加快明显促进了房地产投资的增长。

根据乘数效应理论可知，房地产投资对国民经济增长有促进作用。梁云芳、高铁梅等（2006）研究发现房地产投资的冲击对经济增长具有长期影响，而且对相关行业的拉动作用也比较大。房地产投资不仅可形成第三产业的产出，而且对第二产业和第一产业产出带来影响。虽然与房地产相关的房地产业、交通运输业、金融业等均属于第三产业，但是房地产投资对第一、二产业均有不可忽视的影响，其对建筑材料、建筑安装设备等需求的增加会导致新一轮的投资和产出，这些建筑材料、建安设备等行业大都属于第二产业，第二产业和第三产业的发展需要以第一产业为基础，房地产投资带动第二产业和第三产业的发展的同时，间接带动了第一产业发展。房地产投资对经济增长有正向促进作用，通过发挥产业链效应带动其他产业的发展来促进经济增长，是经济增长的主要拉动力量之一（安同信，2014）。因此，可以推断房地产投资对三次产业均可带来正向影响。

关于房地产投资与三次产业关系可以提出两个假设,其一为工业化发展即第二产业发展促进了房地产投资发展,其二为房地产投资对三次产业均产生正向影响。

假设4-1:工业化发展即第二产业的发展对房地产投资增长有明显促进作用

假设4-2:房地产投资对三次产业均有正向促进作用

(二) 房地产投资对三次产业影响的对比分析

由产业关联理论可知,一个产业的发展不是独立存在的,需要各个部门和行业产出均衡发展,互为补充,形成多个产业链条。房地产业属于第三产业,与之相关的交通运输、邮电通信、金融保险等也均为第三产业,对第三产业的影响应该是最直接的。但是与房地产投资建设相关的行业或产业属于第二产业的更多,主要体现在与房地产投资建设相关的建筑业、建筑材料行业均为第二产业,且后续的家装材料、家具家电等相关的产业也均为第二产业。由投资乘数效应可知,这些与房地产投资相关的产业产出将涉及其扩大再生产的投资,以及其上游原材料产业的产出与投资,而这些产业大都属于第二产业。可见对第二产业的影响相对比较直接且贡献不会小,对第一产业的影响主要是基于来源于房地产投资引发的第二产业和第三产业快速发展带来的对第一产业从质量上和数量上的需求增加,从而促进第一产业的发展。任木荣、苏国强等(2009)通过研究认为我国房地产业与三次产业间的关联程度沿着第三、第二、第一产业依次递减。而蒲勇健和晏国菀(2010)则认为房地产业对三次产业有明显的正影响,带动效应的大小顺序依次为第二产业、第三产业、第一产业。基于此本书提出房地产投资对三次产业影响依次为第三产业、第二产业、第一产业,以此作为假设4-3。

假设4-3:房地产投资对三次产业影响依次为第三产业、第二产业、第一产业

4.3.2 数据选取与处理

(一) 数据选取

本部分用 FDC 代表中国房地产投资、用 $GDP1$、$GDP2$、$GDP3$ 分别代

表第一产业增加值、第二产业增加值和第三产业增加值。本部分所有数据均来自国家统计局数据库(国家统计局数据显示,中国房地投资主要包含房地产住宅投资、房地产办公楼投资、房地产商业用房投资和其他房地产投资)。

1998年,中国开始取消住房实物分配,改为住房货币化补贴,标志着中国房地产市场化的开始。自此中国房地产业进入了快速发展期,房地产投资与国民经济发展关系也日趋紧密。考虑到2000年以前数据由于政策变化,数据波动较大,连续性差,本书实证分析选取的样本区间为2000年第1季度至2018年第2季度,包括74个季度样本。

(二) 数据处理

由于选取的数据为季节数据,而中国传统节日春节一般位于1月或者2月,对中国一季度各项经济数据影响较大,存在一定的季节周期性。为消除季节周期性因素,首先对数据做季节周期调节,利用 Eviews 8.0 中的 census-x13 命令对数据进行季节周期调节得到数据变量 FDC_D11、$GDP1\_D11$、$GDP2\_D11$、$GDP3\_D11$。然后分别取对数,得到数据变量 $LNFDC\_D11$、$LNGDP1\_D11$、$LNGDP2\_D11$、$LNGDP3\_D11$。

4.3.3 房地产投资与三次产业相互影响关系的实证检验

(一) 单位根检验

使用非平稳序列进行回归时会造成伪回归。为了保证回归结果的无偏性、有效性和最佳性,我们对数据分别做单位根检验,使用 Eviews 8.0 进行 ADF 检验,四个变量的平稳性检验结果(见表4-4)显示:时间序列变量 $LNFDC\_D11$ 在显著水平5%下平稳,变量 $LNGDP1\_D11$、$LNGDP2\_D11$、$LNGDP3\_D11$ 均在显著水平5%下不能拒绝原假设,数据为非平稳数据。为保持数据一致性,分别对时间序列变量 $LNFDC\_D11$、$LNGDP1\_D11$、$LNGDP2\_D11$、$LNGDP3\_D11$ 一阶差分后再进行平稳性检验。检验发现,一阶差分后时间序列 $DLNFDC\_D11$、$DLNGDP1\_D11$、$DLNGDP2\_D11$、$DLNGDP3\_D11$ 均为1%显著水平下拒绝原假设,为平稳时间序列。差分后的变量均可以用经济学解释,可认为分别是房地产投资 FDC、第一产业增加值 $GDP1$、第二产业增加值 $GDP2$、第三产业增加值 $GDP3$ 的增长率。

表 4-4　　　　　　　　变量单位根检验结果（2）

检验变量	c, t, k	ADF检验 t统计量	1%显著水平	5%显著水平	10%显著水平	P值	结论
LNFDC_D11	c, 0, 0	-3.2118**	-3.5229	-2.9018	-2.5888	0.0232	平稳
DLNFDC_D11	c, 0, 0	-9.8647**	-3.5242	-2.9024	-2.5886	0.0000	平稳
LNGDP1_D11	c, 0, 0	-1.2121	-3.5229	-2.9018	-2.5883	0.6652	非平稳
DLNGDP1_D11	c, 0, 0	-7.2600**	-3.5242	-2.9024	-2.5886	0.0000	平稳
LNGDP2_D11	c, 0, 1	-1.5533	-3.5242	-2.9024	-2.5886	0.5011	非平稳
DLNGDP2_D11	c, 0, 0	-3.7591**	-3.5242	-2.9024	-2.5886	0.0051	平稳
LNGDP3_D11	c, 0, 0	-1.3377	-3.5242	-2.9024	-2.5886	0.6077	非平稳
DLNGDP3_D11	c, 0, 0	-4.6785**	-3.5242	-2.9024	-2.5886	0.0003	平稳

注：*、**、***表示分别在10%、5%、1%显著水平下拒绝原假设。

（二）建立VAR模型

VAR模型是一种基于数据的统计性质而建立的自回归模型，VAR模型既能避免划分内生变量与外生变量时的主观随意性、克服对变量交叉影响的估计中内生解释变量所造成的联立偏差，又能分析随机扰动对变量系统的动态冲击，从而解释各种经济冲击对经济变量形成的影响。

建立关于 $DLNFDC\_D11$、$DLNGDP1\_D11$、$DLNGDP2\_D11$、$DLNGDP3\_D11$ 的 VAR 模型如下：

$$Y_t = A_0 + A_1 Y_{t-1} + A_2 Y_{t-2} + A_3 Y_{t-3} + \cdots + \varepsilon_t \tag{4-4}$$

其中，Y_t 是由上述4个内生变量组成的向量，即

$Y_t = (DLNFDC\_D11, DLNGDP1\_D11, DLNGDP2\_D11, DLNGDP3\_D11)'$，$\varepsilon_t$ 为扰动向量，A_1、A_2、A_3 等为参数矩阵。

建立包含 $DLNFDC\_D11$、$DLNGDP1\_D11$、$DLNGDP2\_D11$、$DLNGDP3\_D11$ 四个变量的VAR模型。寻求最优滞后项，利用Eviews 8.0 Lag length Criteria命令输出VAR模型滞后最优标准（见表4-5）。

由表4-5，根据AIC/SC准则，结合实际进行综合分析，本部分选择模型的滞后期为1，可得到VAR模型，具体形式如下：

$$\begin{bmatrix} DFDC\_D11_t \\ DGDP1\_D11_t \\ DGDP2\_D11_t \\ DGDP3\_D11_t \end{bmatrix} = \begin{bmatrix} C1 \\ C2 \\ C3 \\ C4 \end{bmatrix} + \begin{bmatrix} \varphi11 & \varphi12 & \varphi13 & \varphi14 \\ \varphi21 & \varphi22 & \varphi23 & \varphi24 \\ \varphi31 & \varphi32 & \varphi33 & \varphi34 \\ \varphi41 & \varphi42 & \varphi43 & \varphi44 \end{bmatrix} \begin{bmatrix} DFDC\_D11_{t-1} \\ DGDP1\_D11_{t-1} \\ DGDP2\_D11_{t-1} \\ DGDP3\_D11_{t-1} \end{bmatrix} + \begin{bmatrix} \varepsilon1_t \\ \varepsilon2_t \\ \varepsilon3_t \\ \varepsilon4_t \end{bmatrix}$$

$$\tag{4-5}$$

表4-5　Lag length Criteria 输出 VAR 模型最优滞后结果（2）

Lag	LogL	LR	FPE	AIC	SC	HQ
0	670.9091	NA	2.66E-14	-19.9077	-19.7761	-19.8557
1	705.8781	64.7186	1.51e-14*	-20.4740*	-19.8159*	-20.2136*
2	711.3362	9.4499	2.08E-14	-20.1593	-18.9747	-19.6905
3	718.8666	12.1385	2.71E-14	-19.9065	-18.1954	-19.2294
4	737.2926	27.5015*	2.59E-14	-19.9789	-17.7413	-19.0935
5	747.3690	13.8363	3.22E-14	-19.8021	-17.0380	-18.7083
6	753.8690	8.1493	4.56E-14	-19.5185	-16.2279	-18.2164

利用 Eviews 8.0 输出 VAR 模型估计结果，见表4-6。

表4-6　变量 DLNFDC_D11、DLNGDP1_D11、DLNGDP2_D11、DLNGDP3_D11 的 VAR 模型估计结果

	DLNFDC_D11	DLNGDP1_D11	DLNGDP2_D11	DLNGDP3_D11
DLNFDC_D11（-1）	-0.2250 (0.1234) [-1.8231]	-0.0095 (0.0685) [-0.1385]	0.0181 (0.0350) [0.5177]	0.02260 (0.0244) [0.9273]
DLNGDP1_D11（-1）	-0.3872 (0.2318) [-1.6709]	0.0103 (0.1287) [0.0798]	-0.0051 (0.0658) [-0.0778]	0.0361 (0.0458) [0.7878]
DLNGDP2_D11（-1）	0.8425 (0.4208) [2.0020]	0.0679 (0.2337) [0.2904]	0.5847 (0.1195) [4.8926]	0.1378 (0.0831) [1.6581]
DLNGDP3_D11（-1）	0.6754 (0.6075) [1.1117]	0.8839 (0.3374) [2.6197]	0.1785 (0.1725) [1.0348]	0.3620 (0.1200) [3.0171]
C	0.0170 (0.0185) [0.9190]	-0.0121 (0.0102) [-1.1832]	0.0052 (0.0052) [0.9903]	0.0159 (0.0036) [4.3766]

注：()内为标准误差，[]内为t统计量。

未验证估计的 VAR 模型是否稳定，利用 Eviews 8.0 对 VAR 模型进行 AR 根检验。如果 VAR 模型所有的根的模的倒数都小于1，即都在单位圆

内，则该模型是稳定的，否则该模型是不稳定的。如果被估计的 VAR 模型不稳定，则得到的结果有些是无效的。利用 Eviews 8.0 AR Roots Graph 命令得到 AR 根检验图（如图 4-10 所示），所有单位根的模型的倒数均在单位圆内，VAR 模型稳定，结果有效。

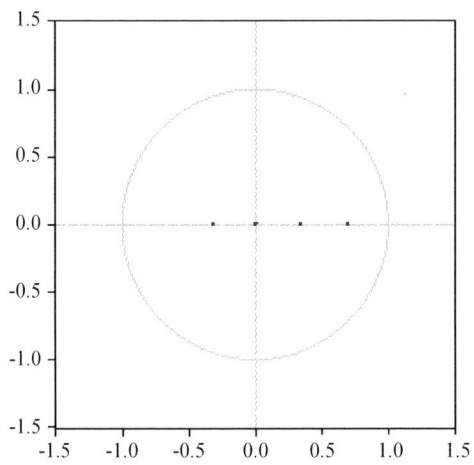

图 4-10　VAR 模型平稳性 AR 根检验结果（2）

（三）格兰杰因果分析

基于 VAR 模型，首先进行格兰杰因果分析，VAR 最优滞后项为 1，格兰杰因果分析滞后期亦选择滞后 1 期，$DLNFDC\_D11$ 与 $DLNGDP1\_D11$、$DLNGDP2\_D11$、$DLNGDP3\_D11$ 的格兰杰因果检验结果（见表 4-7）如下。

表 4-7　$DLNFDC\_D11$ 与 $DLNGDP1\_D11$、$DLNGDP2\_D11$、$DLNGDP3\_D11$ 的格兰杰因果检验结果

原假设	F 统计量	P 值
$DLNGDP1\_D11$ 不是 $DLNFDC\_D11$ 的格兰杰原因	0.3226	0.5719
$DLNFDC\_D11$ 不是 $DLNGDP1\_D11$ 的格兰杰原因	0.0140	0.9062
$DLNGDP2\_D11$ 不是 $DLNFDC\_D11$ 的格兰杰原因	6.6469**	0.0121
$DLNFDC\_D11$ 不是 $DLNGDP2\_D11$ 的格兰杰原因	0.2023	0.6543
$DLNGDP3\_D11$ 不是 $DLNFDC\_D11$ 的格兰杰原因	4.7501**	0.0327
$DLNFDC\_D11$ 不是 $DLNGDP3\_D11$ 的格兰杰原因	3.3576*	0.0712

注：*、**、*** 表示分别在 10%、5%、1% 显著水平下拒绝原假设。

通过格兰杰因果检验结果（见表 4-7）可知，$DLNGDP1\_D11$ 与 $DLNFDC\_D11$ 不互为格兰杰原因，$DLNFDC\_D11$ 不是 $DLNGDP2\_D11$ 的格兰杰原因，而在 5% 水平下 $DLNGDP2\_D11$ 和 $DLNGDP3\_D11$ 均是 $DLNFDC\_D11$ 的格兰杰原因，在 10% 水平下 $DLNFDC\_D11$ 是 $DLNGDP3\_D11$ 格兰杰原因。随着现代工业的快速发展、生产效率的提高、产业链的逐步形成，产生产业集聚效应，人口向效率更高的城市集聚，城市化进程明显加快，而城市化建设要求房地产投资增长，以满足城市化进程需要。随着现代工业的发展，农业机械化和科技化的提高促使农业劳动生产率提高，剩余劳动力也会向文化、科技、商业更发达、效率更高的城市集聚，要求城市化建设发展加快，也进一步刺激了房地产投资增长。随着第二产业和第三产业的发展，居民收入明显提高，对居住需求和居住条件改善需求也随之上升，要求一定的房地产投资增长以满足更多高品质的住房需求。第二产业和第三产业发展也产生一定量的厂房、办公楼和商业地产等房地产需求，这些同样促进了房地产投资的增长。由此可见，房地产投资的增长是随着第二产业和第三产业发展而发展的。

房地产投资增长是经济快速发展的必然结果，尤其是第二产业的发展，使社会生产效率大大提高，促使社会劳动生产力向效率更高的地区流动，产生集聚集群效应，形成各级经济文化中心。由于工业化进程的加快，人口和产业的集聚，引发城市扩张和新城市的兴起，使房地产投资需求增加，房地产投资增长是第二产业发展的必然结果。社会生产效率的提高，不仅是城市人口的集聚，同时也带动了城市和农业人口的收入增加，改善居住需求和投资需求也在一定程度上带来更多的房地产投资需求。

由此可以验证假设 4-1 成立，工业化发展即第二产业发展对房地产投资增长有明显带动作用。同时由上面分析可知，第三产业的发展也对房地产投资的增长也具有一定的带动作用。

（四）脉冲响应分析

通过运用脉冲响应分析，可以分析房地产投资与三次产业相互影响的动态变化趋势。脉冲响应函数刻画的是在扰动项上加一个一次性的冲击对于内生变量当前值和未来值所带来的影响。在 VAR 模型中，对第 i 个变量的冲击不仅直接影响第 i 个变量，并且通过 VAR 模型的动态（滞后）传导给所有的其他内生变量。

本书研究的主要为房地产投资与三次产业的相互影响关系，故本书只列举了对于房地产投资的冲击对三次产业的脉冲响应和三次产业的冲击对房地产投资的脉冲响应情况。在下列脉冲响应图中，横轴表示冲击作用的滞后期间（单位：季度），纵轴表示响应期数；实线表示脉冲响应函数；虚线表示两倍标准差的偏离线。

由图4-11、图4-12、图4-13可知，对于 $DLNFDC\_D11$ 的一个正向的标准单位冲击，$DLNGDP1\_D11$、$DLNGDP2\_D11$、$DLNGDP3\_D11$ 的脉冲响应函数曲线均为正向响应。由脉冲响应图可以看出，$DLNFDC\_D11$ 的冲击在短期内会产生 $DLNGDP1\_D11$、$DLNGDP2\_D11$、$DLNGDP3\_D11$ 的变动，当给 $DLNFDC\_D11$ 一个正向冲击之后，$DLNGDP1\_D11$ 和 $DLNGDP2\_D11$ 迅速响应，滞后1期即达到顶点，然后明显回落，逐步回归平稳，而 $DLNGDP3\_D11$ 滞后上升，第3期达到定点后缓慢回落，然后逐步回归回落趋于平稳。

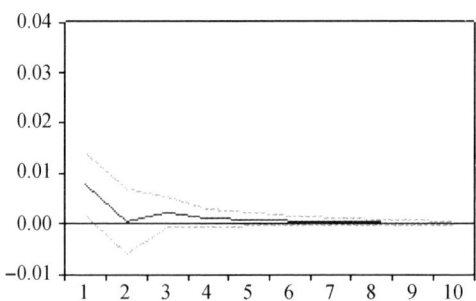

图4-11　$DLNGDP1\_D11$ 对 $DLNFDC\_D11$ 的脉冲响应

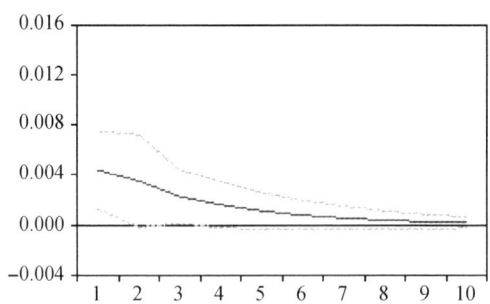

图4-12　$DLNGDP2\_D11$ 对 $DLNFDC\_D11$ 的脉冲响应

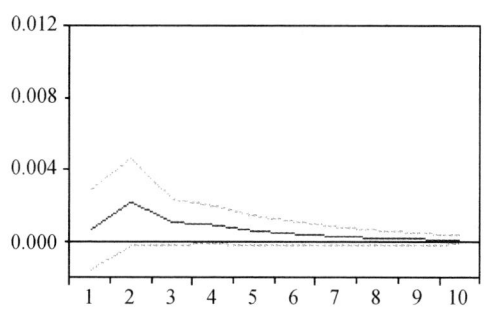

图 4-13　*DLNGDP3_D*11 对 *DLNFDC_D*11 的脉冲响应

根据上述分析，能够判断房地产投资对于中国第一、二、三次产业增长起到了明显的助推作用。房地产投资对三次产业增长影响能够较快地响应，然后逐步回落，说明短期内房地产投资对中国三次产业增长存在正向效应。由于房地产投资对于经济增长主要由于房地产投资特点不同于其他投资，房地产投资高投入、高成本性决定了房地产建设需要大量资金投入和建设成本，通过融资活动带动了金融业发展，而房地产项目建筑安装需要大量的水泥钢材等建筑材料、装修装饰材料、建安机械以及电力消耗等，这些生产资料的快速消耗带动中国经济相关产业的发展，短期内对中国经济增长带动效应明显。房地产投资增长能够较快地反映在一、二、三次产业经济增长上，主要是由于房地产投资体量大、涉及产业多、产业链长，房地产投资建设需求大量的生产资料，而这些生产资料又带动相关产业链的前向和后向发展，故短期内对三次产业形成较大正向影响。

由此可以得出，假设 4-2 成立，即房地产投资对一、二、三次产业均有正向促进作用，且短期效应明显。

由图 4-14、图 4-15、图 4-16 可知，对于 $DLNGDP1\_D11$ 的一个正向冲击，$DLNFDC\_D11$ 在滞后 1 期没有响应，$DLNFDC\_D11$ 滞后 2 期为负向，滞后 3 期响应转为正向，滞后 4 期开始趋于 0；对于 $DLNGDP2\_D11$ 的一个正向标准单位冲击，$DLNFDC\_D11$ 同样在滞后 1 期均没有响应，在滞后 2 期达到最大值，然后缓慢下降，直到滞后 9 期趋近于 0；对于 $DLNGDP3\_D11$ 的一个正向标准单位冲击，$DLNFDC\_D11$ 同样也在滞后 1 期均没有响应，滞后 2 期响应达到顶点，滞后 3 期响应就快速趋近于 0。

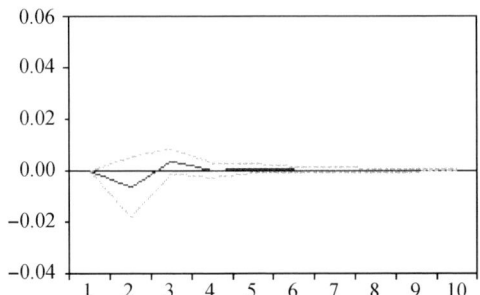

图4-14　*DLNFDC*_D11 对 *DLNGDP*1_D11 的脉冲响应

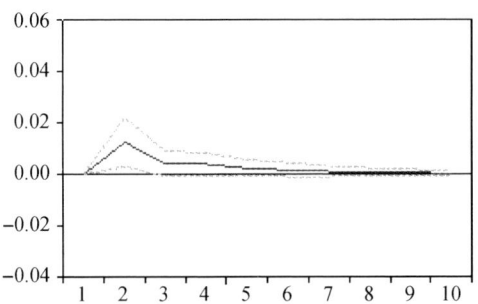

图4-15　*DLNFDC*_D11 对 *DLNGDP*2_D11 的脉冲响应

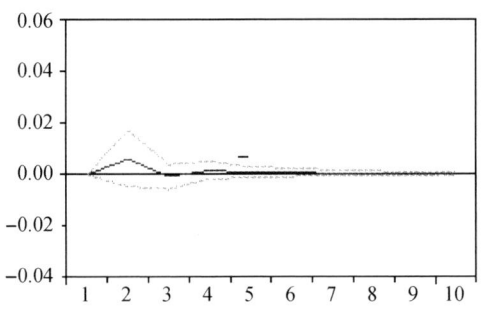

图4-16　*DLNFDC*_D11 对 *DLNGDP*3_D11 的脉冲响应

综上分析，三次产业对房地产投资的带动作用是不同的，第一产业对房地产投资几乎没有什么促进作用，第二产业对房地产投资促进作用较强，持续时间也就长，而第三产业对房地产投资起到了短期促进作用，但持续时间很短。也可以说是第二产业带动了房地产投资的发展，即房地产投资随着工业化进程而发展的，这也进一步验证了假设4-1。

(五) 方差分解分析

对 *DLNGDP*1_*D*11、*DLNGDP*2_*D*11、*DLNGDP*3_*D*11 进行方差分解，有助于我们进一步分析 *DLNFDC*_*D*11 对 *DLNGDP*1_*D*11、*DLNGDP*2_*D*11、*DLNGDP*3_*D*11 的贡献。变量 *DLNGDP*1_*D*11、*DLNGDP*2_*D*11 和 *DLNGDP*3_*D*11 的方差分解来自 *DLNFDC*_*D*11 贡献，结果如图 4 – 17、图 4 – 18、图 4 – 19 所示。对变量 *DLNFDC*_*D*11 进行方差分解，有助于进一步分析 *DLNGDP*1_*D*11、*DLNGDP*2_*D*11、*DLNGDP*3_*D*11 对 *DLNFDC*_*D*11 的贡献分别为多少，即来自 *DLNGDP*1_*D*11、*DLNGDP*2_*D*11、*DLNGDP*3_*D*11 对 *DLNFDC*_*D*11 的促进作用分别为多少。变量 *DLNFDC*_*D*11 方差分解来自 *DLNGDP*1_*D*11、*DLNGDP*2_*D*11、*DLNGDP*3_*D*11 的贡献，结果如图 4 – 20、图 4 – 21、图 4 – 22 所示。

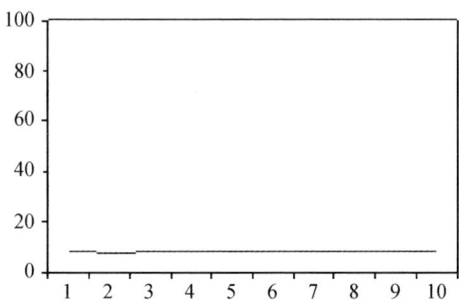

图 4 – 17　*DLNFDC*_*D*11 对 *DLNGDP*1_*D*11 的贡献度

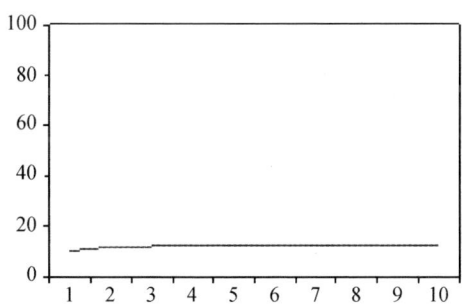

图 4 – 18　*DLNFDC*_*D*11 对 *DLNGDP*2_*D*11 的贡献度

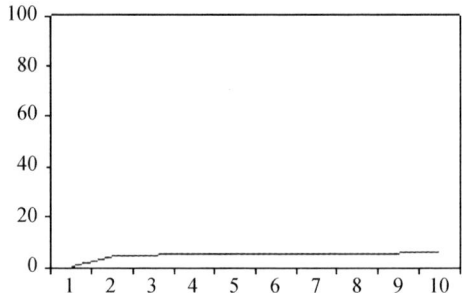

图 4-19 *DLNFDC_D*11 对 *DLNGDP*3_*D*11 的贡献度

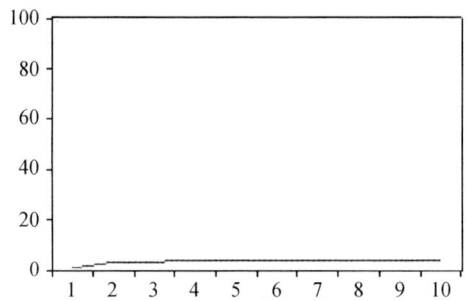

图 4-20 *DLNGDP*1_*D*11 对 *DLNFDC_D*11 的贡献度

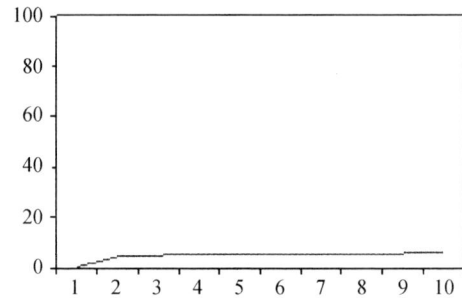

图 4-21 *DLNGDP*2_*D*11 对 *DLNFDC_D*11 的贡献度

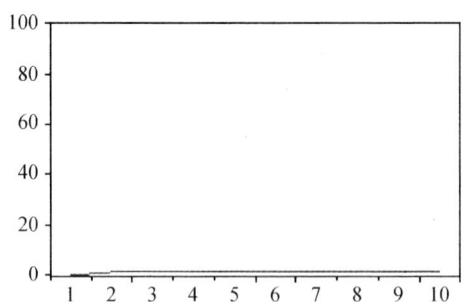

图 4-22 *DLNGDP*3_*D*11 对 *DLNFDC_D*11 的贡献度

对 $DLNGDP1\_D11$、$DLNGDP2\_D11$、$DLNGDP3\_D11$ 进行方差分解后，由图 4-17 可以看出，$DLNFDC\_D11$ 对 $DLNGDP1\_D11$ 的贡献从第 1 期开始到第 10 期，除第 2、第 3 期略有下降，基本稳定在 8.18% 左右，从图 4-18 中可以看出，$DLNFDC\_D11$ 对 $DLNGDP2\_D11$ 的贡献响应也很快，从第 1 期大约 10.40% 左右到第 4 期之后就稳定在了 12.36% 左右，图 4-19 是 $DLNFDC\_D11$ 对 $DLNGDP3\_D11$ 方差分解的贡献，从第 1 期的 0.49%，之后快速上升，到第 4 期之后稳定在 5.79% 左右。通过方差分解分析可以看出，$DLNFDC\_D11$ 对 $DLNGDP2\_D11$ 贡献最大，其次是对 $DLNGDP1\_D11$ 的贡献，对 $DLNGDP3\_D11$ 贡献相对较小。虽然房地产业属于第三产业，同时对金融、交通运输、批发和零售业、租赁和商务服务业、仓储和邮政业等第三产业同样也会带来大量的需求，所以房地产投资可以有效带动第三产业经济增长。但是由于房地产业的产业链长，上下游相关产业多，直接相关的重要产业属于第二产业最多，包括钢材、水泥、机械、化工、陶瓷、电力、石材、消防器材、家具、家电、装饰装修材料等产业。第二、第三产业经济增长带来社会收入的增加，形成对第一产业在数量和质量上的消费需求，必然带动第一产业的发展。房地产投资中土地费用和税收作为地方政府的一项重要收入很快被用于市政建设等新的政府投资，这些政府市政投资和房地产投资在实施建设过程中将产生大量的生产资料需求，例如水泥、钢铁、平板玻璃、化工建材等建筑材料和工程机械、电力设备、消防设备、电力等，房地产建设后续的装修装饰活动还会对家装材料、家具家电等产生大量需求，这些均可对第二产业增长形成较大影响。房地产投资中的土地费用和税收，其中部分资金可能会投入农业水利工程等第一产业的基础设施建设，会对第一产业带来正向影响。另外，当前第三产业整体规模最大，2018 年中国第三产业增加值占 GDP 比重为 52.2%，而第一产业增加值占 GDP 比重仅为 7.2%。由于第三产业整体规模更大，受到房地产投资一个冲击，其响应可能不是那么明显，相比第三产业，虽然房地产投资对第一产业的更多影响的是间接的，但由于第一产业规模较小，即使受到房地产投资一个较小的冲击，其响应反而可能会大一些，所以房地产投资对第三产业的影响反应相对较小，而第一产业受房地产投资影响的响应反而相对较大。

由此可知，房地产投资对第二产业影响最大，对第一产业影响大于第三产业。对三次产业影响依次为第二产业、第一产业、第三产业,假设4-3验证为假。

对 $DLNFDC\_D11$ 方差分解后,由图4-20可知,来自 $DLNGDP1\_D11$ 的贡献滞后1期为0,但是滞后2期开始就维持在2%左右;由图4-21可知,来自 $DLNGDP2\_D11$ 的贡献滞后1期同样为0,滞后2期就达到6.03%,滞后4期超过7%,之后维持在7%~8%;由图4-22可知,来自 $DLNGDP3\_D11$ 的贡献滞后1期也同样为0,滞后2期为1.36%,滞后4期开始就保持在1.4%~1.5%。可见影响房地产投资的主要因素主要来自第二产业,也就是说第二产业对房地产投资影响最大。随着第二产业的快速发展,经济的集聚,城市化进程的加快,人们生活水平的提高,住房改善需求放大,要求房地产投资的增长。房地产投资是基于第二产业发展而发展的,进一步验证了假设4-1为真。

4.4 本章研究结论

(1) 房地产投资在国民经济中占有重要地位,国民经济持续发展需要持续平稳的房地产投资。

(2) 房地产投资与GDP存在长期均衡关系,房地产投资与GDP短期影响关系显著,房地产投资对GDP的影响小于GDP对房地产投资的影响,房地产投资对GDP影响时滞大于GDP对房地产投资影响时滞。

(3) 工业化发展即第二产业的发展促进房地产投资增长,房地产投资对中国三次产业短期效应明显,房地产投资能够有效地拉动国民经济,对三次产业均形成较大影响,其中对第二产业的影响大于对第一、第三产业的影响。

第 5 章

房地产投资对经济增长的规模差异性研究

房地产投资作为房地产行业发展的引擎,是房地产行业景气度的重要衡量指标,也是国家调控宏观经济的主要对象。房地产投资能够直接或者间接带动上、下游产业的发展,在拉动内需、促进就业、刺激消费、推动城市建设、提高人们居住生活水平等方面发挥了重要作用。房地产投资作为固定资产投资的重要组成部分,对经济增长具有积极作用,但同时对其他实体经济存在一定的挤出效应。房地产投资规模大小不同,对经济增长的影响效应不同,农汇福、陈杰(2017)研究发现随着房地产投资占 GDP 比重、房地产投资占固定资产投资比重的增加,投资对我国经济增长的影响力逐渐下降。房地产投资对经济增长的影响受多方面因素影响,房地产投资增速不同,房地产投资对实体经济带来的影响不同;不同经济发展水平下,房地产投资对经济增长影响效应亦不相同,房地产投资在社会总投资中的占比应该存在长期最优值,房地产投资增速过快,短期促进但长期抑制经济增长(王业辉,2019)。

随着中国住房制度改革,房地产业进入了一个快速发展时期,其对中国经济影响地位愈加突出,当前房地产投资对经济增长的影响也是看法不一,有人认为房地产投资对经济增长具有积极影响,亦有学者认为房地产投资的挤出效应会对经济带来抑制作用。而我国经济发展不均衡,地域差异较大,各地区房地产投资的发展情况也不尽相同,不同条件下的房地产投资对经济增长的影响亦有所差异。为寻求房地产投资对经济增长的规模差异性影响,有必要就不同房地产投资规模、不同房地产投资增速、不同经济发展水平等条件下的房地产投资对经济增长的影响进行深入研究。本章尝试基于国家统计局公布的 2000—2017 年的 31 个省（直辖市、自治区）面板数据基于不同条件下的房地产投资对中国经济增长的影响建立门限面板模型进行实证分析。

5.1 计量模型设定与变量度量

5.1.1 计量模型设定

根据 Solow 新古典增长模型，假设规模报酬不变，将柯布－道格拉斯总量生产函数表示为：

$$Y = A K^{\alpha} L^{1-\alpha} \quad 0 < \alpha < 1 \quad (5-1)$$

其中，Y 为经济增长，A 表示影响技术的任何要素，K 为资本存量，L 劳动力。由于这里重点考察房地产投资对经济增长的影响，本书加入房地产投资资本存量 H，则 K 代表非房地产投资的固定资产资本存量，则模型为

$$Y(t) = K(t)^{\alpha} H(t)^{\beta} (A(t) L(t))^{1-\alpha-\beta} \quad (5-2)$$

其中，$0 < \alpha < 1, 0 < \beta < 1$，假设劳动力 L 和技术水平 A 的增长率分别为 n 和 g：

$$L(t) = L(0) e^{nt} \quad (5-3)$$

$$A(t) = A(0) e^{gt} \quad (5-4)$$

有效劳动单位的数量 $A(t)L(t)$，以 $n+g$ 的速度增长。设定 s_h 为房地产投资率，s_k 是非房地产投资固定资产投资率。将 $h、k$ 定义为单位资本存量，$h = H/AL$，$k = K/AL$，y 为单位产出，$y = Y/AL$，经济的发展取决于：

$$\dot{k}(t) = s_k y(t) - (n + g + \delta) k(t) \quad (5-5)$$

$$\dot{h}(t) = s_h y(t) - (n + g + \delta) h(t) \quad (5-6)$$

其中 δ 为折旧率。方程（5-5）和方程（5-6）意味着经济收敛稳态值 k^*、h^* 为，

$$k^* = \left(\frac{s_k^{1-\beta} s_h^{\beta}}{n + g + \delta} \right)^{\frac{1}{1-\alpha-\beta}} \quad (5-7)$$

$$h^* = \left(\frac{s_k^\alpha s_h^{1-\alpha}}{n+g+\delta}\right)^{\frac{1}{1-\alpha-\beta}} \tag{5-8}$$

将（5-7）式、（5-8）式代入生产函数，并取对数，得出人均产出方程式：

$$\ln\left[\frac{Y(t)}{L(t)}\right] = \ln A(0) + gt - \frac{\alpha+\beta}{1-\alpha-\beta}\ln(n+g+\delta) + \frac{\alpha}{1-\alpha-\beta}\ln(s_k) + \frac{\beta}{1-\alpha-\beta}\ln(s_h) \tag{5-9}$$

假设 g 和 δ 在各省市都是常数，设定

$$\ln A(0) = a + \in \tag{5-10}$$

其中 a 是常数，$\in$ 是特定于各省市的差异项。因此，人均对数产出简单方程为：

$$\ln\left[\frac{Y(t)}{L(t)}\right] = a + \frac{\alpha}{1-\alpha-\beta}\ln(s_k) + \frac{\beta}{1-\alpha-\beta}\ln(s_h) - \frac{\alpha+\beta}{1-\alpha-\beta}\ln(n+g+\delta) + \in \tag{5-11}$$

研究各地区经济发展程度不同情况下房地产投资对经济的影响，可建立面板门限模型，

$$\ln y_{i,t} = a_i + \theta_1 \ln(s_{k_{i,t}}) + \theta_2 \ln(s_{h_{i,t}})I(q_{i,t} \leq \gamma_1) + \theta_3 \ln(s_{h_{i,t}})I(\gamma_1 < q_{it} \leq \gamma_2) + \theta_4 \ln(s_{h_{i,t}})I(q_{i,t} > \gamma_2) + \theta_5 \ln(n+g+\delta) + \mu_i + \varphi_t + \varepsilon_{i,t} \tag{5-12}$$

研究房地产投资对经济增长影响效应，本书用国内生产总值指数 $gdpi$ 作被解释变量，建立面板门限模型，

$$gdpi_{i,t} = a_i + \theta_1 \ln(s_{k_{i,t}}) + \theta_2 \ln(s_{h_{i,t}})I(q_{i,t} \leq \gamma_1) + \theta_3 \ln(s_{h_{i,t}})I(\gamma_1 < q_{i,t} \leq \gamma_2) + \theta_4 \ln(s_{h_{i,t}})I(h_{i,t} > \gamma_2) + \theta_5 \ln(n+g+\delta) + \mu_i + \varphi_t + \varepsilon_{i,t}$$
$$\tag{5-13}$$

其中，y 为人均产出，s_k 是非房地产投资固定资产投资率，s_h 为房地产投资率，n、g、和 δ 分别人口增长率、技术进步率和资本折旧率，q 为门限变量，μ_i、φ_t 分别表示各省市 i 的固定效应和时间 t 的固定效应，$\varepsilon_{i,t}$ 为误差修正项。系数 θ_2、θ_3 和 θ_4 的大小与显著性将是本书最为关注的估计参数。

假设存在双门限阈值情况下，如果门限变量的值小于门限阀值 γ_1，本书定义为第一阈值区间，即示性函数 $I(q_{i,t} < \gamma_1) = 1$，$I(\gamma_1 < q_{i,t} < \gamma_2) =$

0，$I(q_{i,t} > \gamma_2) = 0$，则 θ_3、θ_4 不存在，只需考虑系数 θ_2 的大小及其显著性，它表示在门限变量小于门限阈值 γ_1 时，房地产投资对经济增长的影响；如果门限变量值位于门限阈值 γ_1、γ_2 之间，本书定义为第二阈值区间，即示性函数 $I(q_{i,t} < \gamma_1) = 0$，$I(\gamma_1 < q_{i,t} < \gamma_2) = 1$，$I(q_{i,t} > \gamma_2) = 0$，则 θ_2、θ_4 不存在，只需考虑系数 θ_3 的大小及其显著性，它表示在门限变量位于门限阈值 γ_1、γ_2 之间时，房地产投资对经济增长的影响；如果门限变量的值大于门限阈值 γ_2，本书定义为第三阈值区间，即示性函数 $I(q_{i,t} < \gamma_1) = 0$，$I(\gamma_1 < q_{i,t} < \gamma_2) = 0$，$I(q_{i,t} > \gamma_2) = 1$，则 θ_2、θ_3 不存在，只需考虑系数 θ_4 的大小及其显著性，它表示在门限变量大于门限阈值时，房地产投资对经济增长的影响。

5.1.2 变量度量

（一）被解释变量

人均产出（$y_{i,t}$），采用各地区不变价人均国内生产总值表示。不变价人均国内生产总值以 2000 年国内各地区生产总值为基数，用各地区 GDP 平减指数对各地区 GDP 进行调整得出，故也可以用 $rjgdp$ 表示。

国内生产总值指数（$gdpi_{i,t}$），采用各地区生产总值指数表示，其为各地区不变价格的本年度国内生产总值与上一年国内生产总值之比，本书用其代表国内经济增长情况。

（二）解释变量

房地产投资率（$s_{hi,t}$）为各地区房地产投资额与其国内生产总值之比。房地产投资额包括住宅、办公楼、商业营业用房投资以及房地产开发其他种类投资，本书采用的房地产投资包括了以上几类投资的总和。

非房地产投资固定资产投资率（$s_{ki,t}$）为各地区全社会固定资产总额减去房地产投资额后与其对应的国内生产总值之比。

人口增长率（n）根据各地区各年度城镇就业人数计算其增长率。

关于资本折旧率（δ）的计量，参照张军（2004）综合计算的经济折旧率 9.6%。

技术进步率（g）的计量相关数据获得难度较大，农汇福和陈杰借鉴徐现祥和王贤彬（2010）及徐现祥、王贤彬和舒元（2007）假定 $\gamma_{i,t} + \delta_{i,t} =$

0.1，并验证改变这个设定并不会对后文的实证结果带来实质性的影响。本书主要研究房地产投资对经济的影响，考虑到技术创新对于经济影响的持续性，技术进步率在这里选用各地区 2007—2017 年规模以上企业开发新产品经费与国内生产总值之比，并利用几何平均法计算其年平均比率来代替各地区 2000—2017 年的年平均技术进步率。

门限变量（$q_{i,t}$）可能存在一个或多个门限阈值，亦或不存在门限阈值。如果不存在门限阈值，方程近似为 Gregory、Romer 和 Weil 基于新古典经济增长理论发展而来的经济增长模型。在这里假定存在 2 个门限阈值 γ_1、γ_2，具体门限阈值需要进行检验。由于门限变量的选择不同，适用的门限模型亦不相同，经综合分析，本书分别选用模型（5-12）和模型（5-13）进行门限回归分析，在模型（5-12）中门限变量（$q_{i,t}$）选用人均产出取对数 lnrjgdp，模型（5-13）中门限变量（$q_{i,t}$）选用房地产投资指数 z 和房地产投资占固定资产的比重 m。

5.2 单位根检验和描述性统计

5.2.1 面板单位根检验

本部分重点研究房地产投资对经济增长的规模差异性影响，由于本书使用的是 2000—2017 年各地区的面板数据（数据均来自国家统计局官网），为保证数据平稳性，避免伪回归，根据前文设定的模型（5-12）和模型（5-13），首先对数据人均产出 rjgdp、非房地产投资固定资产投资率 s_k、为房地产投资率 s_h、人口增长率+技术进步率+资本折旧率（$n+g+\delta$）分别取对数，得到实证研究所需变量 lnrjgdp、$\ln s_k$、$\ln s_h$、$\ln(n+g+\delta)$，并对所要研究的被解释变量 lnrjgdp、gdpi 和解释变量 $\ln s_k$、$\ln s_h$、$\ln(n+g+\delta)$ 进行单位根检验。本书利用 LLC、ADF-Fisher、PP-Fisher 检验方法进行面板单位根检验，检验结果（见表 5-1）显示变量均在 5% 显著水平下拒绝原假设，为水平平稳。

表 5-1　　　　　　　　面板单位根检验结果（1）

变量	LLC	ADF - Fisher	PP - Fisher	检验结果
$\ln rjgdp$	-3.120*** [0.0009]	84.782** [0.0289]	109.805*** [0.0002]	平稳
$gdpi$	-1.901** [0.0286]	76.732** [0.0371]	44.8391 [0.9506]	平稳
$\ln s_h$	-7.423*** [0.0000]	176.099*** [0.0000]	304.523*** [0.0000]	平稳
$\ln s_k$	-6.501*** [0.0000]	131.617*** [0.0000]	308.442*** [0.0000]	平稳
$\ln(n+g+\delta)$	-0.09* [0.4623]	85.816** [0.0243]	170.538*** [0.0000]	平稳

注：[ ] 内为 p 值，*、**、*** 分别表示在 10%、5%、1% 显著水平下拒绝原假设。

5.2.2　变量描述性统计

对被解释变量 $\ln rjgdp$、$gdpi$，解释变量 $\ln s_k$、$\ln s_h$、$\ln(n+g+\delta)$ 和门限变量 z、m 进行描述性统计分析（见表 5-2），解释变量平均值最大的是变量 $\ln s_h$，为 -0.778，说明人均房地产投资增速最快，标准差最大的为变量 $\ln s_k$，标准差达到 0.626，说明非房地产投资固定资产投资率波动最大。

表 5-2　　　　　　　　变量描述性统计分析结果（1）

变量	观察个数	平均值	中位数	最大值	最小值	标准差
$\ln rjgdp$	558	2.834	2.861	3.853	1.682	0.450
$gdpi$	558	110.970	111	123.8	97.5	2.794
$\ln s_h$	558	-0.778	-0.732	0.390	-2.224	0.477
$\ln s_k$	558	-2.464	-2.377	-0.776	-4.789	0.626
$\ln(n+g+\delta)$	558	-1.958	-1.971	-0.053	-3.811	0.348
z	558	1.239	1.224	5.466	0.569	0.269
m	558	0.177	0.153	0.583	0.010	0.105

5.3 实证分析

首先对面板数据进行分析,并借鉴以往文献,通过似然比检验、豪斯曼(Hausman)检验等模型识别检验,检验结果支持个体固定效应模型。本书利用 Hansen(1999)提出个体固定效应面板门限模型,假设自变量 $\ln s_h$、$\ln s_k$、$\ln(n+g+\delta)$ 均为外生变量。

本书利用 Stata15.0 进行门限效应检验,原始假设不存在门限阈值,若拒绝原假设,则说明存在门限阈值,继续进行门限模型估计,否则进行建立普通回归模型,门限阈值计算方式是采用格点搜索方法(Grid Search)计算门限阈值,本书选用网格点数 400、bootstrap 迭代次数 300、估计每个门限阈值的修正比例为 0.01 进行分析。如果存在多个门限阈值时,则继续计算第二个门限阈值,然后重新确定第一个门限阈值,依此类推计算第三个门限阈值。

5.3.1 不同规模的房地产投资对经济增长的影响

对于不同房规模的地产投资对经济增长影响研究,依照面板门限模型(5-13),以房地产投资占全社会固定资产投资比重 m 作为门限变量。同样考虑到模型可能存在内生性问题,本书除了对全样本进行门限回归,同时对东部地区、中部地区、西部地区分别进行门限效应回归,作为稳健性检验,保证本书实证研究合理有效。关于东部地区、中部地区、西部地区的界定,本书基于目前国家统计上东中西部的划分,东部地区包括北京、天津、河北、辽宁、上海、江苏、浙江、福建、山东、广东、海南 11 个省市,中部地区包括山西、吉林、黑龙江、安徽、江西、河南、湖北、湖南 8 个省,西部地区包括重庆、四川、贵州、云南、西藏、陕西、甘肃、青海、宁夏、新疆、内蒙古、广西 12 个省区市。

首先进行门限效应检验,用房地产投资占全社会固定资产投资比重 m 作门限变量,门限效应检验结果见表 5-3。

表 5-3　　门限检验结果——用房地产投资占全社会固定资产投资比重 m 作门限变量

m	门限顺序	门限值	P 值	95% 置信区间
全样本	单一门限	0.4133	0.2167	[0.3890, 0.4411]
	双重门限	0.2730***	0.0100	[0.2705, 0.2735]
东部地区	单一门限	0.4077	0.5000	[0.3890, 0.4133]
	双重门限	0.2730***	0.0400	[0.2677, 0.2791]
中部地区	单一门限	0.0905	0.6567	[0.0868, 0.0908]
	双重门限	0.0821	0.1200	[0.0820, 0.0829]
西部地区	单一门限	0.0623***	0.0167	[0.0613, 0.0635]
	双重门限	0.1389	0.5833	[0.1351, 0.1397]

注：***、**、* 分别表示在1%、5%和10%的水平上显著。

由表5-3可知，全样本、东部地区双重门限检验均在5%水平拒绝原假设，存在双重门限，西部地区在0.05水平下单一门限检验拒绝原假设，双重门限检验不拒绝原假设，存在单一门限。中部地区接受原假设，经分析由于中部地区各省市房地产投资规模（房地产投资占固定资产投资比重）m 变化相对较小，不存在门限值，可对其进行普通面板模型分析。

房地产投资占全社会固定资产投资比重 m 作为门限变量建立面板门限模型，加入协方差矩阵稳健性估计，面板门限回归结果见表5-4。由全样本门限模型回归结果可以看出，第一门限阈值区间、第二门限阈值区间和第三阈值门限区间变量 $\ln s_h$ 系数为0.01条件下均显著，第一门限阈值区间的 $\ln s_h$ 系数为1.590，第二门限阈值区间的 $\ln s_h$ 系数为3.486，而第三门限阈值区间的 $\ln s_h$ 系数为6.825。呈现逐渐递增的趋势，说明 $\ln s_h$ 系数随着门限阈值区间顺序依次增大，且增长较为明显，说明 $\ln s_h$ 对被解释变量 $gdpi$ 的影响明显加强。东部地区第一门限阈值区间、第二门限阈值区间、第三门限阈值区间 $\ln s_h$ 系数依次递增，西部地区在第一门限阈值区间的变量 $\ln s_h$ 系数小于第二阈值区间，说明 $\ln s_h$ 对被解释变量 $gdpi$ 影响逐步加强，与全样本面板门限回归结果基本一致。中部地区虽然建立普通面板模型，但 $\ln s_h$ 系数为2.668，对被解释变量 $gdpi$ 的正向影响较大。分地区门限面板回归一定程度上验证了全样本门限回归的稳健性。

表 5-4 不同规模的房地产投资对经济增长影响面板门限模型回归结果

$gdpi$	全样本	东部地区	中部地区	西部地区
$\ln s_k$	-2.961***	-2.176	-4.053***	-4.398***
	[0.5877]	[1.3365]	[0.8577]	[1.3229]
$\ln(n+g+\delta)$	2.879***	2.819***	2.756*	2.287***
	[0.4453]	[0.7496]	[0.9225]	[0.4911]
$0.\_cat\#c.\ln s_h$	1.590***	0.943	2.668*	0.0133
	[0.4951]	[0.8520]	[1.4099]	[0.6256]
$1.\_cat\#c.\ln s_h$	3.486***	2.768***		3.091***
	[0.5800]	[0.7393]		[0.9699]
$2.\_cat\#c.\ln s_h$	6.825***	5.818***		
	[0.8100]	[1.2404]		
$\_cons$	118.9***	117.6***	120.5***	120.2***
	[1.2248]	[2.2817]	[2.2645]	[1.8399]
N	558	198	144	216
$adj.R-sq$	0.256	0.3484	0.2081	0.28
AIC	2507.6	886.7	655.7	945.7
BIC	2529.2	903.1	664.6	959.2

注：[ ] 内为标准差，***、**、*分别表示在1%、5%和10%的水平下显著。

随着房地产投资占全社会固定资产投资比重的增加，房地产投资对经济增长带来明显的正向影响。房地产业产业链长，上、下游涉及产业多，房地产投资不仅自身可创造产值，而且对关联产业有着显著的带动作用，对居住消费、建材消费和耐用品消费也起到了拉动效应。Turin（1978）认为房地产业对 GDP 的贡献可以达到制造业对 GDP 贡献的 1/3 至 2/3。但也应该认识到，当房地产投资比重过大时，说明其他固定资产投资比重较小，亦有可能一些地区在其他投资包括制造业投资相对乏力，即其他产业前景不被看好或产出较弱，对经济增长影响较弱，从另一方面扩大了房地产投资对经济增长的影响。

5.3.2 不同增速的房地产投资对经济增长的影响

1998年的深化城镇住房制度改革以来,房地产投资一直保持较高的增长速度,房地产业由于其对GDP增长的贡献,在国民经济体系中的地位不断上升。房地产投资增速会在一定程度上影响经济的增长速度,房地产投资增速过快会影响房地产投资规模,预示着产业结构失衡,会抑制工业全要素生产率增长。探讨不同房地产投资增速情况下房地产投资对经济增长的影响,依据模型(5-13),门限变量选用各地区房地产投资指数 z(本年度房地产投资完成额比上年度房地产投资完成额)。同样考虑到模型可能存在内生性问题,本书除了对全样本进行门限回归,同时对东部地区、中部地区、西部地区分别进行门限效应回归,作为稳健性检验,保证本书实证研究合理有效。

首先对其进行门限效应检验,用房地产投资指数衡量房地产投资增速作为门限显变量进行门限效应检验,结果见表5-5。

表5-5 门限检验结果——用房地产投资指数衡量房地产投资增速

z	门限顺序	门限阈值	P值	95%置信区间
全样本	单一门限	1.1989***	0.0000	[1.1892,1.2006]
	双重门限	1.0751***	0.0000	[1.0690,1.0819]
东部地区	单一门限	1.2124***	0.0000	[1.2062,1.2124]
	双重门限	0.9710***	0.0000	[0.9578,0.9786]
中部地区	单一门限	1.1013***	0.0000	[1.0834,1.1061]
	双重门限	1.2951	0.1767	[1.2099,1.2979]
西部地区	单一门限	1.1944***	0.0067	[1.1624,1.1959]
	双重门限	0.7220	0.7033	[0.5725,0.7849]

注:***、**、*分别表示在1%、5%和10%的水平上显著。

由表5-5可知,全样本和东部地区门限变量在5%水平下双重门限检验拒绝原假设,存在双重门限阈值,中部地区和西部地区在5%水平下单一门限检验拒绝原假设,双重门限检验不拒绝原假设,存在单一门限阈值。

用房地产投资指数作为门限变量建立面板门限模型,加入协方差矩阵稳健性估计，回归结果见表 5-6。由全样本门限模型回归结果可以看出，第一门限阈值区间和第三阈值门限区间变量 $\ln s_h$ 系数为 0.10 条件下显著，第二门限阈值区间 $\ln s_h$ 系数不显著。第一门限阈值区间的 $\ln s_h$ 系数为 0.619，第二门限阈值区间的 $\ln s_h$ 的系数为 -0.036，而第三门限阈值区间的 $\ln s_h$ 系数变为 -0.662。呈现逐渐递减的趋势，说明 $\ln s_h$ 系数随着门限阈值区间升高顺序逐步减小，$\ln s_h$ 对被解释变量 $gdpi$ 的影响逐渐减弱。东部地区变量 $\ln s_h$ 系数在第一门限阈值区间、第二门限阈值区间、第三门限阈值区间同样依次递减，而中部地区和西部地区 $\ln s_h$ 系数也是第二门限阈值区间小于第一门限阈值区间。随着门限阈值区间升高，$\ln s_h$ 系数逐步减小，$\ln s_h$ 对被解释变量 $gdpi$ 影响逐步减弱，与全样本面板门限回归结果一致。

表 5-6　　　　不同增速的房地产投资对经济增长影响面板门限模型回归结果

$gdpi$	全样本	东部地区	中部地区	西部地区
$\ln s_k$	0.734	1.888**	-2.005**	-1.244
	[0.8829]	[1.4511]	[1.2090]	[1.3233]
$\ln(n+g+\delta)$	2.122***	1.994***	1.345*	2.302***
	[0.3957]	[0.5538]	[0.5110]	[0.5249]
0._cat#c.$\ln s_h$	0.619*	1.304*	3.173***	1.184*
	[0.5060]	[1.0337]	[1.1199]	[0.8001]
1._cat#c.$\ln s_h$	-0.036	-0.680	1.737**	0.577
	[0.5143]	[0.9901]	[1.2497]	[0.8851]
2._cat#c.$\ln s_h$	-0.662*	-1.662***		
	[0.5494]	[0.9521]		
_cons	115.0***	114.0***	117.2***	117.3***
	[1.0893]	[1.6683]	[2.2212]	[1.6791]
N	558	198	144	216
$adj. R-sq$	0.2962	0.3935	0.3635	0.2151
AIC	2476.6	872.5	625.2	964.4
BIC	2498.2	888.9	637	977.9

注：[ ] 内为标准差，***、**、* 分别表示在 1%、5% 和 10% 的水平下显著。

随着房地产投资增速加快,房地产投资对经济增长带来正向影响逐渐减弱,过快的房地产投资增速,对经济增长影响带来的是负向影响。房地产业产业链长,在一定程度上能够带动其他产业发展,但是房地产投资增速过快,将会对其他产业带来挤出效应,会在一定程度上造成经济产业结构失衡,抑制经济增长。同时,一旦房地产投资增速下降,如果其上下游相关产业不能及时调整发展战略,势必造成产能过剩等负面影响。另一方面,房地产投资过快,势必挤占非房地产投资资金,张延群(2016)提出房地产投资对非房地产投资具有明显的挤出效应,黎绍凯、张洪等(2017)也指出房地产投资增加在一定程度上挤占了非房地产投资。另外,个别地区房地产投资增速过快,亦或是由于该地区经济增长乏力,非房地产投资机会缺乏,使得更多的资金流入房地产业。

5.3.3 不同经济发展水平下的房地产投资对经济增长的影响

地区经济发展水平不同,房地产投资对经济增长影响不同,房地产投资对经济增长的影响依赖于地区的经济发展水平(黄忠华、吴次芳等,2008)。本书利用地区的经济发展水平做门限变量对房地产投资对经济增长影响进行研究。考虑到模型可能存在内生性问题,本书除了对全样本进行门限回归,考虑到内生性影响,同时对东部地区、中部地区、西部地区分别进行门限效应回归,作为稳健性检验,保证本书实证研究合理有效。

基于模型(5-12)首先对全样本、分地区以取对数的人均房地产投资($lnrjgdp$)做门限变量进行门限效应检验,门限效应检验结果见表 5-7。

表 5-7 门限检验结果——用人均 GDP 取对数作门限变量衡量经济发展水平

$lnrjgdp$	门限顺序	门限值	P 值	95% 置信区间
全样本	单一门限	2.6047***	0.0000	[2.5860, 2.6084]
	双重门限	3.2126***	0.0000	[3.2070, 3.2242]
东部地区	单一门限	2.9937***	0.0000	[2.9879, 2.9997]
	双重门限	2.4082***	0.0000	[2.3533, 2.4139]
中部地区	单一门限	2.7874***	0.0000	[2.7173, 2.8294]
	双重门限	3.3787***	0.0000	[3.3116, 3.3922]
西部地区	单一门限	2.5203***	0.0000	[2.4719, 2.5234]
	双重门限	3.2095***	0.0000	[3.1700, 3.2242]

注:***、**、* 分别表示在 1%、5% 和 10% 的水平上显著。

由表 5-7 门限结果检验结果可以看出，模型存在非线性门限效应，全样本、东部地区、中部地区和西部地区在 5% 水平下双重门限检验均拒绝原假设，均存在双重门限阈值。

用经济发展水平作为门限变量建立面板门限模型，加入协方差矩阵稳健性估计，以消除部分内生性影响。从不同经济发展水平下房地产投资对经济增长影响的面板门限回归结果（见表 5-8）可以看出，在全样本门限回归模型中，第一门限阈值区间和第三阈值门限区间变量 $\ln s_h$ 系数为 0.01 条件下显著，第二门限阈值区间 $\ln s_h$ 系数不显著。第一门限阈值区间的 $\ln s_h$ 系数为 0.230，第二门限阈值区间的 $\ln s_h$ 的系数为 -0.0132，第三门限阈值区间的 $\ln s_h$ 系数为为 -0.213。$\ln s_h$ 系数呈现逐渐递减的趋势，说明随着门限变量 lnrjgdp 区间顺序增大，$\ln s_h$ 系数逐步减小，$\ln s_h$ 对 lnrjgdp 影响减弱。东部地区、中部地区、西部地区变量 $\ln s_h$ 系数也均为第一门限阈值区间、第二门限阈值区间、第三门限阈值区间依次递减。$\ln s_h$ 系数随门限阈值区间顺序依次减小，说明随着经济发展水平的提高，$\ln s_h$ 对被解释变量 lnrjgdp 影响作用逐步减小，与全样本面板门限回归结果一致。

表 5-8　　　　不同经济发展水平下的房地产投资对经济
增长影响面板门限回归结果

lnrjgdp	全样本	东部地区	中部地区	西部地区
$\ln s_h$	0.021	0.125 **	-0.0132	0.0092
	[0.0501]	[0.0407]	[0.0395]	[0.0696]
$\ln(n+g+\delta)$	0.0064	0.0082	0.0764	-0.0484
	[0.0300]	[0.0198]	[0.0482]	[0.0472]
0._cat#c.$\ln s_h$	0.230 ***	0.286 ***	0.125 **	0.270 ***
	[0.0398]	[0.0437]	[0.0396]	[0.0649]
1._cat#c.$\ln s_h$	-0.0132	0.0226	-0.0949 *	0.0192
	[0.0398]	[0.0350]	[0.0457]	[0.0694]
2._cat#c.$\ln s_h$	-0.213 ***	-0.225 ***	-0.280 ***	-0.191 **
	[0.0436]	[0.0377]	[0.0487]	[0.0793]
_cons	2.917 ***	2.921 ***	2.965 ***	2.839 ***
	[0.1013]	[0.0676]	[0.1293]	[0.2215]
N	558	198	144	216
adj. R-sq	0.7917	0.7943	0.7958	0.8253
AIC	-161.8	-58.79	-54.17	-83.54
BIC	-140.2	-42.35	-39.32	-66.66

注：[ ] 内为标准差，***、**、* 分别表示在 1%、5% 和 10% 的水平下显著。

可以看出随着经济发展水平的提高，房地产投资对经济增长影响逐渐降低，或者可以说经济发达地区经济增长更加不依靠房地产投资的影响。经济越发达，房地产投资对经济增长影响就越小，由于经济发达地区经济增长方法更多，经济增长更加不依赖房地产投资，而经济相对落后地区，经济增长手段不多，更加依赖房地产投资。随着经济发展程度的提高，房地产投资对经济增长影响逐步减弱。

5.4 本章研究结论

（一）房地产投资对于经济增长具有积极作用

从不同规模下房地产投资对经济增长影响实证分析结果可以看出，随着房地产投资占固定资产投资比重增加，即房地产投资规模增大，房地产投资对经济增长带来明显的正向影响。房地产投资可以通过房地产本身产出及带动其相关产业的投资，刺激其上下游关联产业增长，对居住消费、建材消费和耐用品消费具有显著带动作用。但也应该看到，房地产投资占比过高，隐含着要更多的占用社会资本，致使其他行业投资减少。

（二）高增速的房地产投资抑制经济增长

房地产投资暴涨暴跌，都会对经济带来严重干扰。房地产投资过快，势必占用大量社会资本，房地产投资增加一定程度上挤占了非房地产投资，对非房地产投资的"挤出效应"在一定程度上抑制了经济增长。另外，由于房地产市场的容量有限，房地产投资不可能持续保持高速增长，且房地产业涉及相关产业多，一旦增速下降，对其他产业带来负面影响将导致经济失衡并抑制经济的增长。

（三）房地产投资对经济影响与经济发展水平成反比

房地产投资对经济增长的影响依赖于地区的经济发展水平，随着经济发展水平的提高，房地产投资对经济增长影响逐渐降低。经济发展水平越高的地区，房地产投资对经济增长影响越小，主要由于经济发达地区具有更多的经济增长手段，房地产投资对经济的增长影响占比较小。而欠发达地区经济增长手段不多，短期内房地产投资对经济增长的刺激更加显著，房地产投资对欠发达地区经济增长影响较大。

第 6 章

房地产投资对经济增长的区域差异性研究

无论在全国还是区域层面,房地产投资都能对经济增长产生影响,房地产投资对经济增长的贡献和影响存在区域差异,房地产投资对经济增长的影响依赖于地区的经济发展水平(黄忠华等,2008)。某一地区房地产投资不仅促进和提升本地区经济增长,同时也带动其他地区经济增长(张洪等,2014)。由于中国地域辽阔,经济发展也很不平衡,东部地区经济发展水平相对较高、而西部地区经济发展相对较慢,另外,地区间的产业结构也不尽相同,居民收入也存在一定差异。正是这些地区间的差异性,也导致房地产投资在地区经济发展中发挥的作用不同,房地产投资对经济增长的影响亦存在差异。另外,由于美国 2008 年美国次贷危机引发了全球金融危机,中国经济亦受到一定影响,并在 2008 年以来对房地产投资加大了调控力度,2008 年前后房地产投资对经济增长的影响有可能存在差异,而对比 2008 年前后研究房地产投资对区域经济增长的影响问题研究相对较少。为进一步分析不同经济发展阶段不同地区房地产投资对经济增长的影响,发挥房地产投资对经济增长的积极作用,所以有必要对不同地区的房地产对经济增长的影响进行深入对比研究,本章尝试基于国家统计局公布的 2000—2017 年的 31 个省(直辖市、自治区)面板数据对房地产投资对中国经济增长的影响分地区分时段进行实证分析。

6.1 计量模型设定与变量度量

6.1.1 计量模型设定

根据 Solow 新古典增长模型，假设规模报酬不变，将柯布-道格拉斯总量生产函数表示为：

$$Y = A K^{\alpha} L^{1-\alpha} \quad (6-1)$$

其中，Y 为经济增长，A 表示影响技术的任何要素，K 为资本存量，L 劳动力。转化为人均生产函数，对（6-1）式两边同时除以 L，得：

$$\frac{Y}{L} = \frac{(A K^{\alpha} L^{1-\alpha})}{L} = A \left(\frac{K}{L}\right)^{\alpha} \quad (6-2)$$

则人均生产函数为

$$y = f(k) = A k^{\alpha} \quad (6-3)$$

这里人均资本为人均固定资产投资存量，由于本书主要研究房地产投资对经济增长的影响，故将人均资本变量分成两部分：其一为除房地产投资人均固定资产投资积累，用 k 表示；其二为人均房地产投资积累，由 g 表示。考虑到消费和对外出口对经济增长的影响，本书加入人均消费 s 和人均对外出口 e 作为控制变量则（6-3）式可变形为：

$$y = A k^{\alpha} g^{\beta} s^{\gamma} e^{\delta} \quad (6-4)$$

为了对（6-4）式进行计量估计，将其两边取对数，并且考虑到地区因素，可以得到计量模型，即：

$$\ln y_{i,t} = a_{i,t} + \alpha \ln k_{i,t} + \beta \ln g_{i,t} + \gamma \ln s_{i,t} + \rho \ln e_{i,t} + \varepsilon_{i,t} \quad (6-5)$$

其中，y 为人均产出，k 为人均非房地产投资的固定资产投资资本积累，g 为人均房地产投资的资本积累，s 人均消费，e 为人均出口，ε 是随机误差项，α、β、γ 和 ρ 是待估参数（或称产出弹性），下标 i 和 t 分别表示地区和时间。

6.1.2 变量度量

(一) 被解释变量

人均产出($y_{i,t}$),采用2000—2017年各地区不变价人均国内生产总值表示。不变价人均国内生产总值以2000年国内各地区生产总值为基数,用各地区GDP平减指数对各地区人均国内生产总值进行调整得出。

(二) 解释变量

人均房地产投资资本积累额($g_{i,t}$)由2000—2017年各地区房地产投资利用固定资产价格指数平减整理计算所得的人均存量,人均非房地产投资固定资产投资资本积累额($k_{i,t}$)为2000—2017年各地区全社会固定资产总额减去房地产投资额利用固定资产价格指数平减后综合计算所得的人均存量。以上均是以2000年价格为基数。

本书解释变量采用存量形式进行实证分析,以2000年为基数对各年的人均房地产投资和人均非房地产投资固定资产投资利用各省市生产资料价格指数进行平减,然后估算各年的人均房地产投资存量和人均非房地产投资固定资产投资存量。目前估算投资存量方法采用较多的是永续盘存法PIM(Perpetual Inventory Method)。该方法假设当前投资存量等于以不变价格计量过去投资的资本总和。永续盘存法公式如下,

$$K_t = K_{t-1}(1-\delta) + I_t \qquad (6-6)$$

其中,K_t为t年投资存量,K_{t-1}为上年投资存量,K_0为基年投资存量,I_t为t年投资额,δ为折旧率。

关于折旧率δ的计量,对于除房地产投资外固定资产投资经济折旧率的计量,本书参照张军(2004)综合计算的经济折旧率9.6%。对于房地产投资经济折旧率的计量,虽然房地产使用年限较长,但本研究综合考量的是房地产投资对经济增长的影响,基于投资的乘数效应,房地产投资对宏观经济影响主要集中在建设期和入住装修期间,考虑房地产投资建设期一般为3年,销售期和装修入住期一般为1~5年,鉴于存量住房后期使用及再装修等方面影响,综合考量,本书选择8年折旧期计算房地产投资折旧率,计算结果为12.5%。

关于基期2000年存量投资K_0的计量,对于非房地产投资固定资产投

资本书用张军（2005）计算的各省市2000年当年价格计量的固定资产投资存量（由于重庆固定资产投资存量并入四川，本书用重庆2000—2005年年均固定资产投资额占四川年均固定资产投资额比例将其分离出来）减去房地产投资存量。对于房地产投资基期存量，本书借鉴霍尔和琼斯（Hall and Jones，1999）在估计各国1960年的资本存量时采用的方法，即 $k = I/(\delta + \theta)$，其中 I 为2000年房地产投资额，θ 为2000—2010年各省市房地产投资增长的几何平均数，δ 为折旧率，该方法也得到国内很多学者如杨格（Young，2000）、张军（2004）、单豪杰（2008）等的使用和认可。

投资额 I_t 的计量和估算。本书分别使用《中国统计年鉴》国内全社会固定资产投资、房地产投资数据来计量，数据先利用固定资产投资价格指数（以2000年为基期）分别对全社会固定资产投资、房地产投资数据进行平减，从而得出不变价数据。

（三）控制变量

人均消费（$s_{i,t}$），为各地区零售消费总额除以当年常住人口数，并以2000年为基期用CPI价格指数平减所得。

人均出口（$e_{i,t}$），各地区出口总额除以当年常住人口数，其中出口总额首先利用当年平均外汇比率转换成人民币为计量单位，以2000年为基期用CPI价格指数平减所得。

（四）数据缺失处理

利用几何平均法计算出相邻5期的发展速度，利用发展速度比率进行计算取得缺失数据。

6.2 单位根检验与描述性统计

6.2.1 面板单位根检验

本书重点研究房地产投资、固定资产投资对经济增长的影响，为减小波动性，根据设定的计量模型，本书对因变量人均国内生产总值 $RGDP$，解释变量人均房地产投资（存量）RFDC（为人均房地产投资存量，即人均房地产投资积累额）、除房地产投资外的人均固定资产投资（存量）RGDZC（为除房地产投资外的人均固定资产投资存量，即除房地产投资外的人均固定资产投资积累额），控制变量人均消费额 RXF、人均出口 RCK 分别取对数，分别得到数据 LNRGDP、LNRFDC、LNRGDZC、LNRXF、LNRCK。由于本书使用的是 2000—2017 年各地区的面板数据，为保证数据平稳性，避免伪回归，首先对于实证研究所需数据 LNRGDP、LNRFDC、LNRGDZC、LNRXF、LNRCK 进行单位根检验。本书利用 LLC、ADF – Fisher、PP – Fisher 检验方法进行面板单位根检验，检验结果，见表 6 – 1，LNRFDC 在在 5% 显著水平下拒绝原假设，为水平平稳，而 LNRGDP、LNRGDZC、LNRXF、LNRCK 在 5% 显著水平下均不能拒绝原假设，为水平非平稳。为保持变量一致，本书对变量分别做一阶差分，检验结果所有变量在差分后均能在 1% 水平下拒绝原假设，为一阶单整。

表 6 – 1　　　　　　　　面板单位根检验结果（2）

变量	LLC	ADF – Fisher	PP – Fisher	检验结果
LNRGDP	2.486	35.199	44.339	非平稳
LNRGDZC	−3.360***	39.358	5.433	非平稳
LNRFDC	−2.305**	75.904	314.932***	平稳
LNRXF	−0.446	61.042	30.060	非平稳
LNRCK	−0.334	33.344	24.207	非平稳
DLNRGDP	−5.573***	155.257***	106.114***	平稳
DLNRGDZC	−5.751***	105.555***	102.129***	平稳
DLNRFDC	−8.094***	137.379***	231.638***	平稳
DLNRXF	−8.645***	127.389***	134.299***	平稳
DLNRCK	−14.743***	225.976***	341.808***	平稳

注：***，** 和 * 分别代表在 1%，5% 和 10% 的显著性水平下拒绝原假。

由于对原始数据取对数后差分得到的变量可以认为是原始数据的增长率，变量 DLNRGDP、DLNRGDZC、DLNRFDC、DLNRXF、DLNRCK 分别为人均国内生产总值、人均非房地产投资固定资产投资（存量）、人均房地产投资（存量）、人均消费、人均出口的增长率，具有经济学意义。

6.2.2 变量描述性统计

对变量 *DLNRGDP*、*DLNRGDZC*、*DLNRFDC*、*DLNRXF*、*DLNRCK* 进行描述性统计分析,见表 6-2,平均值最大的是变量 *DLNRFDC*,为 0.214,说明人均房地产投资(存量)增速最快,其次是 *DLNRGDZC*,为 0.140,说明人均非房地产投资固定资产投资(存量)增速次之,而出口增速平均值出现负值,为 -0.006。通过标准差可以看出,人均出口增速波动最大,标准差达到 0.253,其次是人均房地产投资(存量)增速,标准差为 0.097,说明人均出口增速和人均房地产投资(存量)增速波动幅度较大。

表 6-2　　　　　变量描述性统计分析结果(2)

	观察个数	平均值	标准差	最大值	最小值
DLNRGDP	496	0.099	0.026	0.209	-0.024
DLNRGDZC	496	0.140	0.052	0.296	-0.046
DLNRFDC	496	0.214	0.097	0.588	-0.054
DLNRCK	496	-0.006	0.253	0.833	-1.436
DLNRXF	496	0.041	0.056	0.367	-0.238

6.3　实证分析

在具体实证研究中,本书首先对全样本进行实证分析,之后进行分地区、分时段、分地区分时段三个层面进行分析。一方面,考虑到中国东部、中部、西部地区经济发展不平衡,虽然中国政府也在一定程度上加大扶持西部地区经济发展,正因如此,房地产投资在各个区域对经济增长的影响也各有不同,有必要分地区对房地产投资对经济增长的影响进行深入探讨;另一方面,由于 2008 年美国次贷危机引发的全球金融危机也在一定程度上影响了中国经济,国家在政策上干预房地产市场发展力度较之前有所加大,房地产市场也因此形成一个分水岭,故本章对房地产投资在 2008 年前后对中国经济增长的影响进行深入分析。

首先对面板数据进行分析，并借鉴以往文献，本书采用的是变截距模型。通过似然比检验、豪斯曼（Hausman）检验等模型识别检验，检验结果支持个体固定效应变截距模型。设定模型如下：

$$DLNRGDP_{i,t} = u_i + \alpha DLNRGDZC_{i,t} + \beta DLNRFDC_{i,t} + \gamma DLNRXF_{i,t} + \rho DLNRCK_{i,t} + \varepsilon_{i,t} \quad (6-7)$$

由于房地产投资与经济增长存在互为影响，可能存在内生性问题，而工具变量选择困难，本书对变量取对数后差分，且选择个体固定效应模型，可消除一部分内生性因素影响，另外加入滞后项 $AR（1）$ 作为被解释变量以避免自相关影响。

6.3.1 全样本实证分析

本书采用2000—2017年全国31个省份年度面板数据，选择个体固定效应变截距模型利用最小二乘法对模型变量进行回归，效应权数选择Cross section weights，考虑到模型的自回归影响，本书加入滞后变量 $AR（1）$，回归结果如下（见表6-3）：

表6-3　　　　2000—2017年全样本面板数据回归结果

解释变量	回归系数	P值
C	0.037*** （2.984）	0.003
DLNRGDZC	0.275*** （4.678）	0.000
DLNRFDC	0.103*** （4.352）	0.000
DLNRCK	0.012*** （3.714）	0.000
DLNRXF	0.028* （1.884）	0.060
AR（1）	0.653*** （6.464）	0.000
Adjusted R-squared	0.717	
Durbin-Watson stat	2.075	

注：括号内为t检验值，***，**和*分别代表在1%，5%和10%的显著性水平上显著。

由模型回归结果（见表6-3）可以看出，DW 值为2.075，已不存在自回归影响，$Adjusted\ R-squared$ 为0.717，拟合较好，且变量除 $DLNRXF$ 系数 t 统计量10%水平显著外，其余变量系数均在1%水平下显著。由于本书变量分别为原始数据取对数之后差分，可认为其为原始数据的增长率，解释变量系数可看成其弹性系数。人均固定资产（存量）弹性系数最大，为0.275，房地产投资（存量）弹性系数次之，为0.103。说明人均固定资产增长率增加1%，人均国内生产总值增长率将增加0.275%，人均房地产投资增长率增加1%，国内生产总值增长率将增加0.103%。而人均出口和人均消费弹性系数相对较小，这也说明中国过去一段时间固定资产投资、房地产投资拉动经济作用更大一些。2000年以来，包括房地产投资在内的固定资产投资持续增长，年均增长接近20%，根据投资乘数效应，可以看出包括房地产投资在内的固定资产投资对经济增长的影响较大。另外房地产业产业链长，上下游相关产业多，直接相关的重要产业包括建筑业、交通运输、钢材、水泥、机械、化工、陶瓷、电力、石材、消防器材、家具、家电、装饰装修材料等产业，这些产业的增长必然带动其上游产业例如煤炭、采矿、有色金属、石油等相关产业发展。同时，房地产业发展还可以带动第三产业包括交通运输、批发和零售业、租赁和商务服务业、仓储和邮政业等相关产业发展。相关的数据统计显示，房地产行业能够直接或间接的影响其他行业的数量超过60种，所以通过房地产投资能够促进关联产业水平不断提升，并且进一步拉动国民消费，保障国民经济的不断增长，这也说明房地产业投资对于经济增长影响效应明显。

6.3.2 分地区实证分析

考虑到中国区域辽阔，各地区之间经济发展不均衡，尤其是东部地区发展较快，而西部地区发展落后较多，各区域经济发展重点也不一样，房地产投资对经济影响的作用也会有差别。本书基于中国具有代表性的三大区域（东部地区、中部地区和西部地区），就房地产投资对经济增长的区域差异性进行实证分析。关于东部地区、中部地区、西部地区的界定，本书基于目前统计上东中西部的划分：东部地区包括北京、天津、河北、辽宁、上海、江苏、浙江、福建、山东、广东、海南11个省市；中部地区包括山西、吉林、黑龙江、安徽、江西、河南、湖北、湖南8省；西部地区包括重庆、四川、贵州、云南、西藏、陕西、甘肃、青海、宁夏、新疆、内蒙古、广西12省区市。首先引入虚拟变量 $q1$、$q2$、$q3$，分别代表东部地区、中部地区、西部地区（变量值为1，否则为0）。同样对其选择个体固定效应变截距模型利用最小二乘法对模型变量进行回归，效应权数选择 Cross section weights，考虑到模型的自回归影响，同样加入滞后变量 AR（1），回归结果见表 6-4。

表 6-4　　　　2000—2017 年分地区面板数据回归结果

解释变量	东部地区	中部地区	西部地区
DLNRGDZC	0.224*** （3.098）	0.171* （1.823）	0.327*** （5.354）
DLNRFDC	0.214*** （6.361）	0.211*** （4.073）	0.057** （2.368）
DLNRCK	0.015** （2.546）	0.019*** （4.597）	0.006** （2.120）
DLNRXF	-0.027 （-1.083）	0.029 （1.619）	0.060*** （3.676）
C		0.031*** （2.823）	
AR（1）		0.642*** （6.813）	
Adjusted R-squared		0.737	
Durbin-Watson stat		2.020	

注：括号内为 t 检验值，***，** 和 * 分别代表在 1%，5% 和 10% 的显著性水平上显著。

由表 6-4 可以看出，DW 值为 2.020，已不存在自回归，Adjusted R-squared 为 0.737，拟合较好。由变量系数 t 统计量可以看出东部地区和中部地区的人均消费增长率 DLNRXF 系数不显著、中部地区的固定资产增长率 DLNRGDZC 系数在 10% 水平下显著外，其余变量系数均在 5% 水平下显著。人均固定资产（存量）的弹性系数西部地区最大，为 0.327，其次为东部地区，为 0.224，中部地区最小，为 0.171，说明西部地区固定资产投资对经济影响最大，可能是由于西部地区经济较落后，快速的固定资产投资对经济增长作用较大。而人均房地产投资（存量）的弹性系数东部地区和中部地区分别为 0.214 和 0.211，而西部地区仅为 0.057，说明房地产投资对东部地区和中部地区经济增长的影响较大。究其原因，可能有两方面因素：一方面是房地产投资在经济发展到一定阶段才能够起到明显的对经济拉动效应；另一方面是经济集聚效应导致的人口流动，劳动力向经济更发达、效率更高、薪酬更高的发达地区集聚，使得经济发达地区房价、地价更高，投资乘数效应更加明显。

6.3.3 分时段实证分析

由于2008美国次贷危机引发全球金融危机，且中国2008年后政府对房地产市场调控力度加大，对房地产投资产生一定影响。2008年后外部环境发生较大变化，房地产投资对经济增长影响效应也有可能发生变化，所以有必要以2008年为界分时段深入分析房地产投资对中国经济增长的影响。本书引入虚拟变量$d1$、$d2$分别代表2008年前（含2008年）、2008年后（不含2008年），其变量值为1，否则变量值为0。同样对其选择个体固定效应变截距模型利用最小二乘法对模型变量进行回归，效应权数选择Cross section weights，考虑到模型的自回归影响，加入滞后变量$AR(1)$，回归结果见表6-5。

表6-5　　　　　2000—2017年分时段面板数据回归结果

解释变量	2008年前（含2008年）	2008年后（不含2008年）
DLNRGDZC	0.326*** (7.239)	0.227*** (3.195)
DLNRFDC	0.107*** (4.785)	0.095** (2.561)
DLNRCK	0.023*** (6.663)	0.004 (0.754)
DLNRXF	0.020 (1.256)	0.175*** (4.981)
C	0.035*** (3.021)	
AR(1)	0.504*** (5.993)	
Adjusted R-squared	0.735	
Durbin-Watson stat	2.086	

注：括号内为t检验值，***，**和*分别代表在1%，5%和10%的显著性水平上显著。

由表6-5可以看出，由于加入了滞后项$AR(1)$，DW值为2.086，模型已不存在自回归，Adjusted R-squared为0.735，拟合较好。由变量系数t统计量可以看出，除2008年前的人均消费增长率DLNRXF和2008年后的人均出口增长率DLNRCK系数不显著、2008年后人均房地产投资增长率DLNRFDC系数在5%水平下显著外，其余变量系数均在1%水平下显著。人均固定资产（存量）和人均出口的弹性系数2008年后较2008年前下降较多，人均消费弹性系数2008年后较2008年前提高较大，而人均房地产投资弹性系数2008年后较2008年前稍有下降，但幅度不大。2008年金融危机后，国际经济环境变差，中国经济增长压力变大，固定资产投资、出口对经济增长作用在减弱，消费对经济增长作用加大。2008年以来房地产投资对经济增长的影响变化不大，人均房地产投资（存量）弹性系数依然达到0.095，仅下降了0.012。说明虽然国家对房地产投资加大了调控力度，但是对房地产投资对经济增长的影响并未产生太大影响，主要是由于2008年后，国际贸易保护主义抬头，依靠出口拉动经济增长遇到阻力，消费并不能独立支撑经济增长，房地产投资对经济增长的影响依然明显。

6.3.4 分地区分时段实证分析

为了更进一步分析房地产投资对经济增长的区域性差异，本书对不同地区、不同时段的房地产投资对经济增长的差异性影响进行分析，同时引入虚拟变量 q1、q2、q3、d1、d2，分别代表东部地区、中部地区、西部地区、2008年前（含2008年）、2008年后（不含2008年），其变量值为1，否则变量值为0。对其选择个体固定效应变截距模型利用最小二乘法对模型变量进行回归，效应权数选择 Cross section weights，考虑到模型的自回归影响，加入滞后变量 AR（1），回归结果见表6-6。

表6-6　2000—2017年分地区分时段面板数据回归结果

解释变量		东部地区	中部地区	西部地区
2008年以前（含2008年）	DLNRGDZC	0.330*** （5.213）	0.302*** （5.113）	0.370*** （6.788）
	DLNRFDC	0.172*** （3.750）	0.116** （2.495）	0.075** （2.477）
	DLNRCK	0.040*** （4.204）	0.030*** （6.007）	0.014*** （4.408）
	DLNRXF	-0.059** （-2.117）	0.024 （0.915）	0.054*** （4.465）
2008年以后（不含2008年）	DLNRGDZC	0.173** （2.238）	0.066 （0.662）	0.290*** （3.781）
	DLNRFDC	0.165*** （4.744）	0.267*** （4.935）	0.046 （1.358）
	DLNRCK	0.010 （0.925）	0.012 （1.196）	-0.003 （-0.531）
	DLNRXF	0.164*** （3.455）	0.113** （1.874）	0.212*** （3.058）
C			0.032*** （3.075）	
AR（1）			0.506*** （6.138）	
Adjusted R - squared			0.761	
Durbin - Watson stat			2.067	

注：括号内为 t 检验值，***，** 和 * 分别代表在1%，5%和10%的显著性水平上显著。

本书加入了滞后项 $AR(1)$，DW 值为 2.067，不存在自回归，$Adjusted\ R-squared$ 为 0.761，回归方程拟合度较好。由变量系数 t 统计量可以看出，除 2008 年后的人均出口增长率系数三个地区均不显著、西部地区的房地产投资增长率系数不显著、2018 年前的中部地区人均消费系数不显著外，其余变量系数均在 5% 水平下显著。

东部地区人均固定资产和人均出口的弹性系数 2008 年后较 2008 年前下降较多，人均消费弹性系数 2008 年后较 2008 年前提高较大，而对人均房地产投资（存量）弹性系数 2008 年后较 2008 年前稍有下降，但幅度不大，只是由 2008 年前的 0.172 下降到 2008 年后的 0.165。说明 2008 年后东部地区固定资产投资和对外出口对中国经济增长的影响下降较多，2008 年后消费对经济增长的影响上升较大，主要是由于全球金融危机影响出口，中国加大拓展了国内市场消费需求。虽然 2008 年后国家对房地产市场加大了调控力度，东部地区房地产投资对宏观经济影响应只是略有下降。

中部地区人均固定资产（存量）的弹性系数 2008 年后较 2008 年前下降较多，由 2008 年前的 0.302 下降为 2008 年后的 0.066，人均消费弹性系数 2008 年后较 2008 年前提高较大，由 2008 年前的 0.024 上升为 2008 年后的 0.113,；而人均房地产投资（存量）弹性系数 2008 年后较 2008 年有较大幅度提高，由 0.116 上升为 0.267。说明中部地区 2008 年金融危机后人均房地产投资和消费对经济增长的影响加大，固定资产投资和出口对经济增长的影响明显减弱。

西部地区虽然人均固定资产（存量）的弹性系数 2008 年后较 2008 年前下降较多，但还保持了较高的产出效率，弹性系数 2008 年后依然达到 0.290；而人均消费弹性系数 2008 年后较 2008 年前大幅提高，由 2008 年前的 0.054 提高为 2008 年后的 0.212；本来就不是很高的人均房地产投资（存量）弹性系数 2008 年后较 2008 年有一定下降，由 0.075 下降为 0.046。说明中部地区 2008 年金融危机后消费对经济增长影响效应加大，固定资产投资对经济增长影响效应虽然有所降低，但对经济增长还保持了较高的影响效应，房地产投资和出口对经济增长的影响效应均在一定程度上有所下降。

2008 年前，人均房地产投资（存量）弹性系数东部地区最高，达到 0.173，中部地区次之，为 0.113，西部地区最低，为 0.075。2008 年后人均房地产投资（存量）弹性系数中部地区上升最快，超过东部地区达到最高，为0.267，而东部地区略有下降，为0.165，最低的西部地区下降较为明显，为0.046。西部地区房地产投资对经济增长影响效应上升较大，可能由于经济发展到一定程度房地产投资对经济增长影响效应得到提高，另外也有可能2008年金融危机后，中部地区对于提振经济增长手段不多，更多依靠房地产投资拉动经济增长。

6.4 本章研究结论

（1）房地产投资对国民经济增长的影响较大。从全国层面看，固定资产投资产出弹性系数最高，达到了0.275，房地产投资产出弹性系数次之，为0.103，说明每增加1%的固定资产投资，将国内生产总值将增长0.275%，每增加1%的房地产投资，国内生产总值将增长0.103%。

（2）房地产投资对与经济增长的影响受地区经济发展水平影响，东部发达地区和中部次发达地区对经济增长影响效应较大，西部欠发达地区房地产投资对经济增长影响效应较小。分地区模型回归结果可以看出东部和中部地区房地产投资产出弹性系数均超过0.2，而西部地区不到0.06，差距较为明显。

（3）通过分时段回归模型结果看出，2008年全球金融危机后中国对房地产投资加大了调控政策，其产出弹性受到一定影响，但变化不大。

（4）通过分地区分时段回归模型结果得出，东部发达地区2008年前后房地产投资产出弹性变化不大，中部地区房地产投资产出弹性得到大幅提高。分析可能由两方面原因导致，一方面是经济发展到一定程度，房地产投资对经济增长的影响可达到最大化；另一方面可能由于中部地区受经济大环境影响，提振经济增长办法不多，更多依靠房地产投资刺激经济增长。西部欠发达地区房地产投资对经济增长影响效应则下降相对较多，可能受国家调控政策和经济环境影响导致。

第 7 章

房地产投资对经济增长的空间溢出效应研究

当前中国经济发展进入新常态，传统比较优势日渐弱化，在国际贸易争端不断，贸易保护主义抬头的国际大形势下，依靠出口促进经济增长压力加大，房地产投资作为当前国内稳定经济增长的重要手段还需持续一段时间。房地产投资作为房地产行业发展的引擎，是房地产行业景气度的重要衡量指标，也是国家调控宏观经济的主要对象。李启明（2002）从统计角度阐述了房地产行业在国民经济中的重要作用，认为房地产投资是促进经济增长的重要拉动力量。国家统计局综合司课题组（2005）认为房地产投资对经济增长的影响日益增大，房地产行业的发展必须与经济整体发展相适应。房地产投资能够直接或者间接带动上、下游产业的发展，在拉动内需、促进就业、刺激消费、推动城市建设、提高人们居住生活水平等方面发挥了重要作用。

在以往的研究中，多数学者主要关注于房地产投资带来的乘数效应、区域经济集聚、城市化等对经济增长的影响，忽视了对房地产投资要素动态流动所引致的空间溢出效应的考察。研究中国房地产投资要素流动、空间溢出与区域经济增长之间的关系，找出房地产投资对经济增长作用机制，合理引导房地产投资要素的流向，对于提高我国经济增长，保持经济平稳发展具有重要的现实意义。因此，本章尝试基于国家统计局公布的2000—2017年的31个省（直辖市、自治区）面板数据就房地产投资对中国经济增长空间溢出机理进行探讨并进行实证分析。

第7章 房地产投资对经济增长的空间溢出效应研究

7.1 房地产投资空间溢出效应

房地产投资作为国民经济的重要组成部分,在竞争的市场中,其受到多方面影响,同时也影响着所在地区的经济增长,甚至影响其他相关地区的经济增长。所以说房地产投资具有一定的空间溢出效应。房地产投资空间溢出效应是一个多方面要素相互影响的综合系统所致,但主要的空间溢出效应基于以下两个方面,一是房地产投资会引发资金和人口的集聚,对其他地区带来负面影响,二是房地产投资会影响房地产投资要素(本书中房地产投资要素指与房地产投资相关的上下游产业链及其资本、人力、技术、产品等)的向本地区流动。本书假设其他要素不变的情况下,主要考量房地产投资要素流动对房地产投资空间溢出效应带来的影响。

为简化理论分析,本书假设社会经济总体中存在两个区域和两个部门,两个区域为地区 A 和地区 B,两个部门为传统产业部门(T)和房地产产业部门(H)。传统产业部门(T)使用普通劳动力生产同质化产品,房地产产业部门使用房地产投资要素(J)进行生产。房地产投资要素可以在两个区域之间流动,但是其流动有成本,其总量不变,数量标准化为1。两个区域 A 和 B 初始值相同,传统产业部门和房地产部门企业均可以在两区域之间流动。传统部门生产同质化产品,区域之间交易无成本,产品价格标准化为1。房地产部门生产区位差异化产品,每个房地产部门企业只专业化生产一种产品。

(一)消费者和生产者

借鉴白俊红、王钺等(2017)和 Fujita & Thisse(2002)的做法,假设在区域 A 和区域 B 内所有消费者消费产品具有相同的效用函数:

$$U = \frac{Q_H^{\mu} Q_T^{1-\mu}}{\mu^{\mu}(1-\mu)^{1-\mu}} \quad 0 < \mu < 1 \quad (7-1)$$

这里 Q_T 为消费者消费的传统部门产品消费量,μ 为消费者消费的房地产部门产品份额,消费者消费房地产产品数量 Q_H 可表示为:

$$Q_H = \left[\int_0^M q(i)^{\rho} di\right]^{1/\rho} \quad 0 < \rho < 1 \quad (7-2)$$

这里 ρ 为房地产产品的同质化程度，M 为房地产部门的产品种类，$q(i)$ 代表了房地产部门第 i 种产品的消费量，$i \in [0, M]$。

假设传统部门产品生产是在固定收益率和完全竞争条件下进行的，在区间流动没有成本，这样就可以假定其跨时间和跨空间的价格都定义为 1。另外假设消费者在给定时间 t 内的消费支出为 ε，房地产部门产品 i 的价格为 $p(i)$，那么消费者对传统产业产品数量和房地产部门 i 产品的需求函数可以分别用公式（7-3）、公式（7-4）表示：

$$Q_T = (1-\mu)\varepsilon \quad (7-3)$$

$$q(i) = \mu\varepsilon p(i)^{-\sigma} P^{\sigma-1} \quad i \in [0, M] \quad (7-4)$$

其中 $\sigma = 1/(1-\rho)$，代表房地产业部门中不同种类产品的不变替代弹性，P 为房地产业部门产品的价格指数，满足下式：

$$P \equiv \left[\int_0^M p(i)^{-(\sigma-1)} di\right]^{-1/(\sigma-1)} \quad (7-5)$$

基于上述条件，可得出消费者的间接效用函数为：

$$v = \varepsilon P^{-\mu} \quad (7-6)$$

为方便计算，对求得的消费者间接效用函数取对数，对数化处理后的消费者间接效用函数为：

$$V = \ln v = \ln[\varepsilon P^{-\mu}] \quad (7-7)$$

对于生产者，假设传统部门为完全竞争的产业，传统部门企业生产同质性产品，且规模报酬不变，因此位于两个区域传统部门企业的收益率都相同。假设所有传统部门企业的工资率标准化为 1。在房地产部门中，企业生产产品 i 需要投入一定的房地产生产要素，房地产部门企业以市场价格购买房地产生产要素，使用单位劳动力进行生产。假设房地产投资要素在区域内部消费无"流动成本"，但是地产投资要素跨区域消费则服从冰山运输成本 $\tau > 1$，即区域外房地产部门企业消费区域内的房地产投资要素会随距离远近支付不同的区间运输成本。因此假设区域 r 的房地产部门企业消费房地产投资要素 i 价格为 $p_r(i)$，那么区域 s 房地产部门企业消费区域 r 的房地产投资要素 i 的价格为：

$$p_{sr}(i) = p_r(i)\tau \quad (7-8)$$

设定区域 r 的房地产部门投资总支出为 Er，区域 r 房地产产品的价格指数为 Pr，结合（7-4）式和（7-8）式，区域 r 房地产投资要素某一种产品 i 的总需求为：

$$q_r(i) = \mu E_r p_r(i)^{-\sigma} + \mu E_s [p_r(i)\tau]^{-\sigma} p_s^{\sigma-1}\tau \quad (7-9)$$

再定义区域距离自由度 $\varphi \equiv \tau^{-(\sigma-1)}$，结合（7-5）式、（7-8）式、（7-9）式可得区域 r 中房地产投资要素产品的均衡价格 p_r^*、均衡产量 q_r^*、均衡收益 π_r^* 分别为：

$$p_r^* = \frac{1}{\rho} \quad (7-10)$$

$$q_r^* = \mu\rho\left(\frac{E_r}{M_r + \phi M_s} + \frac{\phi E_s}{\phi M_r + M_s}\right) \quad (7-11)$$

$$\pi_i^* = \frac{q_r^*}{\sigma - 1} \quad (7-12)$$

根据内生增长理论（Romer，1990；Grossman & Helpman，1991），社会生产力随着资本的积累而增长。假定区域 $r \in \{A, B\}$ 中的房地产投资要素总量为 Kr，房地产投资要素的数量为 λ_r，房地产要素 j 需要支付的资金投入函数为 $h(j)$，可得区域 r 拥有的房地产投资总量为：

$$K_r = M\left[\int_0^{\lambda_r} h(j)^\beta dj + \eta_r \int_0^{1-\lambda_r} h(j)^\beta dj\right]^{1/\beta} \quad 0 < \beta < 1 \quad (7-13)$$

其中，β 是房地产投资要素的相互依赖的程度呈反向关系的互补参数，$\eta_r(0 \leq \eta_r \leq 1)$ 表征其他地区的房地产投资要素向 r 地区的空间溢出程度。

假设 $h(j) = 1$、$\lambda_A \equiv \lambda$、$\lambda_B \equiv 1 - \lambda$，而房地产企业总数设定为 $M = 1$，如果区域 A 中的房地产要素份额为 λ，那么区域 B 中的房地产要素份额即为 $1 - \lambda$。结合（7-13）式可得区域 A 和区域 B 的房地产投资数量分别为：

$$\begin{cases} K_A(\lambda) = [\lambda + \eta_A(1-\lambda)]^{1/\beta} \\ K_B(\lambda) = [1 - \lambda + \eta_B \lambda]^{1/\beta} \end{cases} \quad (7-14)$$

对（7-14）式，将 $K_A(\lambda)$ 和 $K_B(\lambda)$ 分别对空间溢出程度 η 求偏导，可得：

$$\begin{cases} \dfrac{\partial K_A(\lambda)}{\partial \eta_A} = \dfrac{1-\lambda}{\beta}[K_A(\lambda)]^{1-\beta} > 0 \\ \dfrac{\partial K_B(\lambda)}{\partial \eta_B} = \dfrac{\lambda}{\beta}[K_B(\lambda)]^{1-\beta} > 0 \end{cases} \quad (7-15)$$

假设 ω_{j0} 是房地产企业 j 的初始价值，ω_j 是房地产投资的收益。此时房地产企业 j 的总收益为：

$$\varepsilon_j = \omega_{j0} + \omega_j \qquad (7-16)$$

（二）市场均衡

房地产企业在区域间可以自由迁移，如果区域 A 的房地产企业与区域 B 的房地产企业收益相同，根据（7-12）式，可知区域 A 和区域 B 的房地产企业均衡产量相等，即 $q_A^* = q_B^*$。

在（7-11）式的基础上，利用房地产投资总支出 $E_A + E_B \equiv E$，区域 A 和区域 B 的房地产业企业总数 $M_A + M_B \equiv M$，可以得到：

$$\begin{cases} M_A = \dfrac{E_A - \phi E_B}{(1-\phi)E} M \\ M_B = \dfrac{E_B - \phi E_A}{(1-\phi)E} M \end{cases} \qquad (7-17)$$

区域 A 和区域 B 的房地产企业数 M_A、M_B 均大于 0，可得：

$$\phi < \frac{E_A}{E_B} < \frac{1}{\phi} \qquad (7-18)$$

此时结合（7-10）式、（7-11）式、（7-17）式可得：

$$P_r = \left(\frac{1}{\rho}\right)\left[(1+\phi)\left(\frac{E_t}{E}\right)M\right]^{-1/(\rho-1)} \qquad (7-19)$$

$$q_A^* = q_B^* = \mu\rho E/M \qquad (7-20)$$

同理，当 $M_A = M$ 且 $M_B = 0$，$\dfrac{E_A}{E_B} \geq \dfrac{1}{\phi}$，得到

$$\begin{cases} P_A = (1/\rho) M^{-1/(\sigma-1)} \\ P_B = (1/\rho) (\phi M)^{-1/(\sigma-1)} \end{cases} \qquad (7-21)$$

$$q_A^* = \mu\rho E/M \geq q_B^* = \mu\rho[\phi E + E/\phi]/M \qquad (7-22)$$

同样，当 $M_A = 0$ 且 $M_B = M$，$\dfrac{E_A}{E_B} \leq \phi$ 时的均衡结果

$$\begin{cases} P_A = (1/\rho) (\phi M)^{-1/(\sigma-1)} \\ P_B = (1/\rho) M^{-1/(\sigma-1)} \end{cases} \qquad (7-23)$$

$$q_A^* = \mu\rho[\phi E_B + E_A/\phi] \leq q_B^* = \mu\rho E/M \qquad (7-24)$$

在这三种情况下，房地产部门企业均衡收益都是相同的，利用（7-12）式、（7-20）式、（7-22）式和（7-24）式，可得房地产业企业的均衡收益：

$$\pi^* = max\{\pi_A^*, \pi_B^*\} = \frac{\mu E}{\sigma M} \quad (7-25)$$

假定房地产企业的初始价值等于其期望收益。令 Π 表示单个企业的初始资产价值，那么所有房地产业企业的初始资产价值可以表示为：

$$\alpha_H = M\Pi = \mu E^*/\sigma \quad (7-26)$$

假设区域 r 中在未来时间 t 内新增加的房地产投资价值为 ω_r^*，借鉴 Fujita & Thisse（2002）的做法，设定房地产投资价值可以表示为企业初始资产价值乘以房地产投资要素种类（数量），所以区域 r 的新增的房地产投资价值：

$$\omega_r^*(\lambda) = \alpha_H K_r(\lambda) \quad (7-27)$$

（三）房地产投资要素流动的长期均衡

通过消费者间接效用函数对比可以求得两个区域房地产投资要素的迁移偏好，在（7-7）式的基础上，有：

$$V_A(\lambda) - V_B(\lambda) = \ln v_A(\lambda) - \ln v_B(\lambda) \quad (7-28)$$

联立（7-7）式、（7-16）式、（7-26）式和（7-27）式可得：

$$v_r(\lambda) = \alpha_H[1 + k_r(\lambda)][P_r]^{-\mu} \quad (7-29)$$

在（7-19）式、（7-21）式、（7-23）式的基础上，可以得到两个地区价格指数之比与支出之比之间的关系：

$$\left[\frac{P_A(\lambda)}{P_B(\lambda)}\right]^{-\mu} = \left[\frac{E_A(\lambda)}{E_B(\lambda)}\right]^{\mu/(\sigma-1)} \quad \phi < E_A/E_B < 1/\phi \quad (7-30)$$

$$\left[\frac{P_A(\lambda)}{P_B(\lambda)}\right]^{-\mu} = \phi^{-\mu/(\sigma-1)} \quad E_A/E_B \geq 1/\phi \quad (7-31)$$

$$\left[\frac{P_A(\lambda)}{P_B(\lambda)}\right]^{-\mu} = \phi^{\mu/(\sigma-1)} \quad E_A/E_B \leq \phi \quad (7-32)$$

可以看出，当 λ 确定时，支出比率为固定值。为此将（7-30）式、（7-31）式、（7-32）式代入（7-28）式得到：

$$V_A(1) - V_B(1) > 0 \quad (7-33)$$

$$V_A\left(\frac{1}{2}\right) - V_B\left(\frac{1}{2}\right) = 0 \quad (7-34)$$

$$V_A(0) - V_B(0) < 0 \quad (7-35)$$

并且有：

$$\frac{d[V_A(\lambda) - V_B(\lambda)]}{d\lambda} \geq 0 \quad (7-36)$$

可以看出 λ 取值不同时可能出现三种平衡，即 $\lambda = 1$、$\lambda = 1/2$、$\lambda = 0$ 时房地产投资要素的流动存在三个均衡。当 $\lambda = 1/2$ 时，房地产投资要素在两个区域平均分配，当 $\lambda = 1$ 或 $\lambda = 0$ 时，房地产投资要素完全集聚于某一个区域。不过在 $\lambda = 1/2$ 的均衡下，如果出现任何微小的波动偏离，就会导致这种偏离持续增加，出现强烈的房地产投资迁移偏好，从而促使 λ 向 0 或 1 迅速接近，趋向新的平衡。因此，$\lambda = 1/2$ 均衡并不持久，不是经济体的稳态平衡，而当 $\lambda = 1$ 或 $\lambda = 0$ 时，才能形成持久的经济体稳态均衡。

（四）房地产投资要素流动的空间溢出效应对经济增长的影响

房地产投资要素在自由流动的情况下，存在三种均衡，由前文可知当 $\lambda = 1/2$ 时的均衡并不是稳定的均衡，而当 $\lambda = 1$ 或 $\lambda = 0$ 的集聚均衡才是稳态均衡。在这里假设 $\lambda > 1/2$，即房地产投资要素向区域 A 集聚，区域内部的房地产投资存量与房地产业企业的数量成正比。房地产投资要素从区域 B 向区域 A 的流入量 ΔS_K 为：

$$\Delta S_K = \frac{K_A - K_B}{2M} = \frac{1}{2}[K_A(\lambda) - K_B(\lambda)]$$
$$= \frac{1}{2}[\lambda + \eta_A(1-\lambda)]^{1/\beta} - \frac{1}{2}[1 - \lambda + \eta_B \lambda]^{1/\beta} \quad (7-37)$$

这里，区域 A 房地产投资要素比区域 B 多 $\frac{K_A - K_B}{M}$，假设两区域初始对称，那么从区域 B 流向区域 A 的房地产投资要素 $\frac{K_A - K_B}{2M}$。

根据（7-36）式，求得房地产投资在区域 A 和区域 B 的空间溢出对房地产投资流量的偏导：

$$\begin{cases} \dfrac{\partial \eta_A}{\partial \Delta S_K} = \dfrac{2\beta}{1-\lambda}[K_A(\lambda)]^{\beta-1} > 0 \\ \dfrac{\partial \eta_B}{\partial \Delta S_K} = -\dfrac{2\beta}{\lambda}[K_B(\lambda)]^{\beta-1} < 0 \end{cases} \quad 0 \leq \lambda < 1 \quad (7-38)$$

可以看出，当房地产投资要素由区域 B 流向区域 A 时，区域 A 的空间溢出为正，而区域 B 空间溢出为负。

考虑（7-16）式，可得区域 A 和区域 B 的房地产投资总收益函数为：

$$E = E_A(\lambda) + E_B(\lambda) = L + \lambda \omega_A(\lambda) + (1-\lambda)\omega_B(\lambda) \quad (7-39)$$

并将（7-14）式代入可得：

$$E = L / \left\{ 1 - \frac{\mu\lambda}{\sigma} K_A(\lambda) - \frac{\mu(1-\lambda)}{\sigma} K_B(\lambda) \right\} \quad (7-40)$$

将（7-40）式对溢出求偏导，可得房地产投资溢出对总收益的影响：

$$\frac{\partial E}{\partial \eta} = \frac{\mu L}{\sigma} \left[\lambda \frac{\partial K_A(\lambda)}{\partial \eta} + (1-\lambda) \frac{\partial K_B(\lambda)}{\partial \eta} \right] / \left[1 - \frac{\mu L}{\sigma} K_B(\lambda) - \frac{\mu(1-\lambda)}{\sigma} K_B(\lambda) \right]^2$$

$$(7-41)$$

由（7-15）式可知 $\frac{\partial E}{\partial \eta} > 0$，即房地产投资空间溢出有利于经济的增长。

在（7-38）式和（7-41）式的基础上，根据链式法则，可得房地产投资要素的流动量 ΔS_K 对总收益 E 的边际贡献为：

$$\frac{\partial E}{\partial \Delta S_K} = \frac{\partial E}{\partial \eta_A} \frac{\partial \eta_A}{\partial \Delta S_K} + \frac{\partial E}{\partial \eta_B} \frac{\partial \eta_B}{\partial \Delta S_K} = \frac{\frac{\mu L}{\sigma} \left[\lambda \frac{\partial K_A(\lambda)}{\partial \eta} \frac{\partial \eta_A}{\partial \Delta S_K} + (1-\lambda) \frac{\partial K_B(\lambda)}{\partial \eta} \frac{\partial \eta_B}{\partial \Delta S_K} \right]}{\left\{ 1 - \frac{\mu L}{\sigma} [K_B(\lambda)] - \frac{\mu(1-\lambda)}{\sigma} [1 + K_B(\lambda)] \right\}^2}$$

$$(7-42)$$

将（7-14）式、（7-31）式和（7-32）式代入（7-35）式可得：

$$\lambda \frac{\partial K_A(\lambda)}{\partial \eta_A} \frac{\partial \eta_A}{\partial \Delta S_K} + (1-\lambda) \frac{\partial K_B(\lambda)}{\partial \eta_B} \frac{\partial \eta_B}{\partial \Delta S_K} = 2(2\lambda - 1) \quad (7-43)$$

考虑到当 $\lambda > 1/2$，那么（7-43）式大于0，即（7-42）式中 $\frac{\partial E}{\partial \Delta S_K} > 0$。

可以看出，房地产投资要素的区际流动产生房地产投资空间溢出，而房地产投资空间溢出又促进了经济增长。

综上，房地产投资具有空间溢出效应，能够在一定程度上促进经济增长。

7.2 计量模型设定和变量度量

7.2.1 空间计量模型设定

为考察房地产投资空间溢出效应,本书运用能够考虑经济活动空间相关性的空间计量技术建立相关面板空间模型,对房地产投资对经济增长的影响进行实证研究,并对房地产投资溢出效应做出实际测度。

根据 Solow 新古典增长模型,假设规模报酬不变,将柯布-道格拉斯总量生产函数表示为:

$$Y = A K^{\alpha} L^{1-\alpha} \quad 0 < \alpha < 1 \qquad (7-44)$$

其中,Y 为经济增长,A 表示影响技术的任何要素,K 为资本存量,L 为劳动力。由于这里重点考察房地产投资对经济增长的影响,本书加入房地产投资资本存量 H,则 K 代表非房地产投资的资本存量,则模型为:

$$Y(t) = K(t)^{\alpha} H(t)^{\beta} (A(t) L(t))^{1-\alpha-\beta} \qquad (7-45)$$

其中,$0 < \alpha < 1, 0 < \beta < 1$,假设劳动力 L 和技术水平 A 的增长率分别为 n 和 g:

$$L(t) = L(0) e^{nt} \qquad (7-46)$$

$$A(t) = A(0) e^{gt} \qquad (7-47)$$

有效劳动单位的数量 $A(t)L(t)$,以 $n+g$ 的速度增长。设定 s_h 为房地产投资率,s_k 是非房地产投资固定资产投资率。将 h、k 定义为单位资本存量,$h = H/AL$,$k = K/AL$,y 为单位产出,$y = Y/AL$,经济的发展取决于:

$$\dot{k}(t) = s_k y(t) - (n + g + \delta) k(t) \qquad (7-48)$$

$$\dot{h}(t) = s_h y(t) - (n + g + \delta) h(t) \qquad (7-49)$$

其中 δ 为折旧率。方程(7-48)和方程(7-49)意味着经济收敛稳态值 k^*、h^* 为:

$$k^* = \left(\frac{s_k^{1-\beta} s_h^{\beta}}{n + g + \delta} \right)^{\frac{1}{1-\alpha-\beta}} \qquad (7-50)$$

$$h^* = \left(\frac{s_k^\alpha s_h^{1-\alpha}}{n+g+\delta}\right)^{\frac{1}{1-\alpha-\beta}} \quad (7-51)$$

将 (7-50) 式、(7-51) 式代入生产函数,并取对数,得出人均产出方程式:

$$\ln\left[\frac{Y(t)}{L(t)}\right] = \ln A(0) + gt - \frac{\alpha+\beta}{1-\alpha-\beta}\ln(n+g+\delta) + \frac{\alpha}{1-\alpha-\beta}\ln(s_k) + \frac{\beta}{1-\alpha-\beta}\ln(s_h) \quad (7-52)$$

假设 g 和 δ 在各省市都是常数,设定

$$\ln A(0) = a + \epsilon \quad (7-53)$$

其中 a 是常数,ϵ 是特定于各省市的差异项。因此,人均对数产出简单方程为:

$$\ln\left[\frac{Y(t)}{L(t)}\right] = a + \frac{\alpha}{1-\alpha-\beta}\ln(s_k) + \frac{\beta}{1-\alpha-\beta}\ln(s_h) - \frac{\alpha+\beta}{1-\alpha-\beta}\ln(n+g+\delta) + \epsilon \quad (7-54)$$

研究房地产投资对经济增长影响的空间溢出效应,国内经济增长情况可用国内生产总值指数表示,本书用国内生产总值指数 $gdpi$ 作被解释变量,建立一般化的面板空间计量模型:

$$\begin{cases} gdpi_{i,t} = \mu_i + \varphi_t + \eta\, d_{i,t-1} + \rho\, w_i' d_t + \theta_1 \ln(s_{k_{i,t}}) + \theta_2 \ln(s_{h_{i,t}}) + \theta_3 \ln(n_{i,t} + g_{i,t} + \delta_{i,t}) + \theta_4 w_i' \ln(s_{k_{i,t}}) + \theta_5 w_i' \ln(s_{h_{i,t}}) + \theta_{36} w_i' \ln(n_t + g_t + \delta_t) + \varepsilon_{i,t} \\ \varepsilon_{i,t} = \lambda\, w_i' \varepsilon_t + v_{i,t} \end{cases}$$

$$(7-55)$$

其中,$gdpi$ 为生产总值指数,ρ 为空间自回归系数,w_i' 为空间权重矩阵,$\varepsilon_{i,t}$ 为随机扰动项,θ_i 为响应参数,s_k 为非房地产投资固定资产投资率,s_h 为房地产投资率,n、g、和 δ 分别人口增长率、技术进步率和资本折旧率,μ_i、φ_t 分别表示各省市 i 的固定效应和时间 t 的固定效应。

根据查阅相关文献,探讨经济类问题的常用面板空间计量模型主要有面板空间德宾模型 PSDM、面板空间自回归模型 PSARM、面板空间误差模型 PSEM、面板空间自相关模型 PSACM 四种,不同类型的空间计量模型所揭示的经济涵义也有所差别,为了获取拟合效果最优的面板空间计量模型,依据房地产投资经济情况分别建立面板空间计量模型,具体面板空间

模型如下:

若 $\lambda = 0$，即 $\varepsilon_{i,t} = v_{i,t}$，则建立面板空间德宾模型 $PSDM$:

$$gdpi_{i,t} = \mu_i + \varphi_t + \eta\, gdpi_{i,t-1} + \rho\, w_i'gdpi_t + \theta_1 \ln(s_{k_{i,t}}) + \theta_2 \ln(s_{h_{i,t}}) + \theta_3 \ln(n_{i,t} + g_{i,t} + \delta_{i,t}) + \theta_4\, w_i' \ln(s_{k_{i,t}}) + \theta_5\, w_i' \ln(s_{h_{i,t}}) + \theta_{36}\, w_i' \ln(n_t + g_t + \delta_t) + \varepsilon_{i,t} \qquad (7-56)$$

对于面板空间德宾模型 $PSDM$，若 $\theta_3 = \theta_4 = \theta_5 = 0$，则模型变为面板空间自回归模型 $PSARM$:

$$gdpi_{i,t} = \mu_i + \varphi_t + \eta\, gdpi_{i,t-1} + \rho\, w_i'gdpi_t + \theta_1 \ln(s_{k_{i,t}}) + \theta_2 \ln(s_{h_{i,t}}) + \theta_3 \ln(n_{i,t} + g_{i,t} + \delta_{i,t}) + \varepsilon_{i,t} \qquad (7-57)$$

若 $\lambda \neq 0$，$\eta = 0$，$\rho = 0$，$\theta_3 = \theta_4 = \theta_5 = 0$，则建立面板空间误差模型 $PSEM$，该模型通过误差项的相互关联来研究地区间的空间依赖关系，$PSEM$ 模型如下:

$$\begin{cases} gdpi_{i,t} = \mu_i + \varphi_t + \theta_1 \ln(s_{k_{i,t}}) + \theta_2 \ln(s_{h_{i,t}}) + \theta_3 \ln(n_{i,t} + g_{i,t} + \delta_{i,t}) + \varepsilon_{i,t} \\ \varepsilon_{i,t} = \lambda\, w_i' \varepsilon_t + v_{i,t} \end{cases} \qquad (7-58)$$

若 $\lambda \neq 0$，$\eta = 0$，$\theta_3 = \theta_4 = \theta_5 = 0$，一般面板空间模型化为面板空间自相关模型 $PSACM$:

$$\begin{cases} gdpi_{i,t} = \mu_i + \varphi_t + \rho\, w_i'gdpi_t + \theta_1 \ln(s_{k_{i,t}}) + \theta_2 \ln(s_{h_{i,t}}) + \theta_3 \ln(n_{i,t} + g_{i,t} + \delta_{i,t}) + \varepsilon_{i,t} \\ \varepsilon_{i,t} = \lambda\, w_i' \varepsilon_t + v_{i,t} \end{cases} \qquad (7-59)$$

7.2.2 变量度量

(一) 被解释变量

国内生产总值指数 ($gdpi_{i,t}$)，本书采用各地区国内生产总值指数作为被解释变量，国内生产总值指数为不变价格的本年国内生产总值与上一年国内生产总值之比，能够体现各地区每年国内生产总值增长情况。

(二) 解释变量

房地产投资率 ($s_{h_{i,t}}$) 为各地区房地产投资额与其国内生产总值之比。房地产投资额包括住宅、办公楼、商业营业用房以及房地产开发其他种类投资总和。

非房地产固定资产投资率（$s_{k_{i,t}}$），即除房地产投资外的固定资产投资率，为各地区全社会固定资产总额减去房地产投资额后与其对应的国内生产总值之比。

人口增长率（n）根据各地区各年度城镇就业人员数计算其增长率。

关于资本折旧率（δ）的计量，参照张军（2004）综合计算的经济折旧率9.6%。

技术进步率（g）的计量相关数据获得难度较大，农汇福和陈杰（2017）和徐现祥、王贤彬等（2007）假定$\gamma_{i,t}+\delta_{i,t}=0.1$，并验证改变这个设定并不会对后文的实证结果带来实质性的影响。本书主要研究房地产投资对经济的影响，考虑到技术创新对于经济影响的持续性，技术进步率选用各地区2007—2017年规模以上企业开发新产品经费与国内生产总值之比，并计算其平均比率来代替各地区2000—2017年的平均技术进步率。

（三）权重矩阵（w_i）

关于空间权重矩阵，通常有几种形式，如邻接权重矩阵、地理距离权重矩阵、人力资本权重矩阵、经济距离权重矩阵等。比较常用的是邻接权重矩阵，根据空间单元相邻情况来确定，如果两地区相邻，则权重矩阵中对应的权重为1，否则为0。第二种常用的是地理距离权重矩阵，有学者认为地理邻接权重矩阵不能充分反映区域之间经济活动相互影响的客观实际，其空间影响效应不只局限于与之相邻的地区，并提出了空间距离权重矩阵，其空间影响效应随两省市地区的距离越远而减弱。距离权重矩阵权重元素为两地区间距离倒数，即：

$$w_{i,j}=\begin{cases}1/d & i\neq j\\ 0 & i=j\end{cases} \quad (7-60)$$

其中d为两个省市地区地理中心位置之间的距离，距离d有公路里程距离、铁路里程距离、直线距离等。本书选用距离权重矩阵作为模型权重矩阵，其地理距离d本书选用两省市地区地理中心之间的公路里程距离，选用邻接矩阵作为权重矩阵进行稳健性检验。

（四）空间计量模型的直接效应、空间溢出效应和总效应的测算

在包含空间滞后项的空间计量模型中，回归系数表无法体现某一个具体自变量来自空间溢出效应的大小。Lesage和ace（2008）根据空间效应

作用的范围和对象的不同,将空间计量模型中自变量对因变量的影响分为直接效应、间接效应(空间溢出效应)和总效应。Lesage 和 Pace (2009) 研究发现,偏微分方法可以测度空间计量模型中自变量对因变量产生的直接效应、空间溢出效应和总效应。具体计算过程如下:

对于空间自回归模型 $y = \rho w y + X\beta + \varepsilon$,可以转换成 $(I - \rho w) y = X\beta + \varepsilon$,方程两边同时乘以 $(I - \rho w)^{-1}$,可得:

$$y = (I - \rho w)^{-1} X\beta + (I - \rho w)^{-1} \varepsilon \qquad (7-61)$$

假设 X 包含 K 个解释变量,并记第 r 个解释变量为 $x_r = (x_{1r}, x_{2r}, \cdots, x_{nr})'$($n \times 1$ 列向量),则:

$$X\beta = (x_1, x_2, \cdots, x_k)(\beta_1, \beta_2, \cdots, \beta_k)' = \sum_{r=0}^{K} \beta_r x_r \qquad (7-62)$$

那么将方程(7-62)代入方程(7-61)可得到:

$$y = \sum_{r=0}^{K} \beta_r (I - \rho w)^{-1} x_r + (I - \rho w)^{-1} \varepsilon = \sum_{r=0}^{K} S(W) x_r + (I - \rho w)^{-1} \varepsilon \qquad (7-63)$$

其中,令 $\beta_r (I - \rho w)^{-1} = S(W)$ 为依赖于 β 和 W 的 $n \times n$ 的矩阵,方程(7-63)展开为

$$\begin{pmatrix} y_1 \\ y_2 \\ \cdots \\ y_n \end{pmatrix} = \begin{pmatrix} S_r(W)_{11} & S_r(W)_{12} & \cdots & S_r(W)_{1n} \\ S_r(W)_{21} & S_r(W)_{22} & \cdots & S_r(W)_{2n} \\ \vdots & \vdots & & \vdots \\ S_r(W)_{n1} & S_r(W)_{n2} & \cdots & S_r(W)_{nn} \end{pmatrix} \begin{pmatrix} x_{1r} \\ x_{2r} \\ \cdots \\ x_{nr} \end{pmatrix} + (I - \rho w)^{-1} \varepsilon \qquad (7-64)$$

其中,$S_r(W)_{ij}$ 为 $S_r(W)$ 的 (i, j) 元素,对方程(7-64)求偏导,有:

$$\frac{\partial y_i}{\partial X_{jr}} = S_r(W)_{ij}$$

由此可见,区域 j 的变量 x_{ji} 对任意区域 i 的被解释变量 y_i 都有可能产生影响,如果当 $j = i$ 时,即矩阵 $S_r(W)_{ij}$ 主对角线的第 i 个元素 x_{ii},对本区域被解释变量 y_i 的影响,称为直接效应(*directeffect*):

$$\frac{\partial y_i}{\partial x_{ji}} (其中:j = i)$$

如果将矩阵 $S_r(W)$ 主对角线上的所有元素进行平均,可以计算其平均直接效应:

$$平均直接效应 = \frac{1}{n}\sum_{i=1}^{n}\frac{\partial y_i}{\partial x_{ji}}$$

$$= \frac{1}{n}\sum_{j=1}^{n}S_r(W)_{ij}(其中:j=i)$$

$$= \frac{1}{n}trace[S_r(W)]$$

其中,$trace[S_r(W)]$ 为矩阵 $S_r(W)$ 的迹,即主对角线元素之和。所有区域的变量 x_{ji} 对区域 i 的被解释变量 y_i 产生的影响,称为总效应(total effect),对矩阵 $S_r(W)$ 所有元素进行平均,计算其平均总效应:

$$平均总效应 = \frac{1}{n}\sum_{j=1}^{n}\sum_{i=1}^{n}\frac{\partial y_i}{\partial x_{ji}}$$

$$= \frac{1}{n}\sum_{j=1}^{n}\sum_{i=1}^{n}S_r(W)_{ij}$$

由于直接效应、间接效应、总效应三者之间关系为:直接效应 + 间接效应 = 总效应,那么可以计算出平均间接效应:

$$平均间接效应 = 平均总效应 - 平均直接效应$$

$$= \frac{1}{n}\sum_{j=1}^{n}\sum_{i=1}^{n}S_r(W)_{ij} - \frac{1}{n}trace[S_r(W)]$$

7.3 单位根检验和描述性统计

7.3.1 面板单位根检验

本书重点研究房地产投资对经济增长的空间溢出效应,由于本书使用的是 2000—2017 年全国 31 省市自治区的面板数据(数据均来自国家统计局官网),为保证数据平稳性,避免伪回归,根据前文设定模型,首先对解释变量非房地产投资固定资产投资率 s_k、房地产投资率 s_h、人口增长率 +

技术进步率+资本折旧率 $(n+g+\delta)$ 分别取对数,得到实证研究所需变量 $gdpi$、$\ln s_k$、$\ln s_h$、$\ln(n+g+\delta)$,并对其进行单位根检验,以验证这些变量是否平稳。本书利用 LLC、ADF – Fisher、PP – Fisher 检验方法进行面板单位根检验,检验结果见表 7 – 1。

表 7 – 1　　　　　　　　面板单位根检验结果 (3)

变量	LLC	ADF – Fisher	PP – Fisher	检验结果
$gdpi$	– 1.901**	76.732**	44.8391	平稳
	[0.0286]	[0.0371]	[0.9506]	
$\ln s_h$	– 7.423***	176.099***	304.523***	平稳
	[0.0000]	[0.0000]	[0.0000]	
$\ln s_k$	– 6.501***	131.617***	308.442***	平稳
	[0.0000]	[0.0000]	[0.0000]	
$\ln(n+g+\delta)$	– 0.09*	85.816**	170.538***	平稳
	[0.4623]	[0.0243]	[0.0000]	

注:. [ ] 内为 p 值,*、**、*** 分别表示在 10%、5%、1% 显著水平下拒绝原假设。

由表 7 – 1 可知,变量 $gdpi$、$\ln s_k$、$\ln s_h$、$\ln(n+g+\delta)$ 均在 5% 显著水平下拒绝原假设,变量均为水平平稳。

7.3.2　变量描述性统计

对被解释变量 $gdpi$,解释变量 $\ln s_k$、$\ln s_h$、$\ln(n+g+\delta)$ 进行描述性统计分析(见表 7 – 2),解释变量平均值最大的是变量 $\ln s_h$,为 – 0.778,说明房地产投资增速最快,标准差最大的为变量 $\ln s_k$,标准差达到 0.626,说明除房地产投资的固定资产投资率波动最大。

表 7 – 2　　　　　　　　变量描述性统计分析结果 (3)

	观察个数	平均值	中位数	最大值	最小值	标准差
$gdpi$	558	110.970	111	123.8	97.5	2.794
$\ln s_h$	558	– 0.778	– 0.732	0.390	– 2.224	0.477
$\ln s_k$	558	– 2.464	– 2.377	– 0.776	– 4.789	0.626
$\ln(n+g+\delta)$	558	– 1.958	– 1.971	– 0.053	– 3.811	0.348

7.4 实证分析

首先对面板数据进行分析,并借鉴以往文献,通过似然比检验、豪斯曼(Hausman)检验等模型识别检验,检验结果支持个体时点双固定效应模型。

7.4.1 房地产投资对经济增长的面板空间效应

鉴于不同类型的空间计量模型所揭示的经济涵义有所差别,为了寻求房地产投资对经济增长影响空间传导作用机制,获取拟合效果最优的空间计量模型,根据不同的空间关联关系,分别建立房地产投资对经济增长的 PSARM、PSDM、PSACM、PSEM 面板空间计量模型,空间权重矩阵选用空间距离权重矩阵,选用 robust 进行稳健性估计,对静态空间面板模型中加入 Hausman 检验,模型适用个体时点双固定效应,具体面板空间模型回归结果如下(见表7-3):

表7-3　基于距离权重矩阵面板空间模型回归结果

		(1) PSARM	(2) PSDM	(3) PSACM	(4) PSEM
Main	$\ln s_k$	2.507*** [0.6867]	2.309*** [0.6882]	2.501*** [0.6903]	2.489*** [0.3233]
	$\ln s_h$	0.742** [0.3672]	0.922** [0.4546]	0.712* [0.3672]	0.736** [0.2398]
	$\ln(n+g+\delta)$	0.794** [0.3432]	0.737** [0.3101]	0.801** [0.3421]	0.805** [0.2626]
Wx	$\ln s_k$		-2.714 [2.7566]		
	$\ln s_h$		3.244 [1.9944]		
	$\ln(n+g+\delta)$		-0.821 [0.9046]		

续表

		（1）PSARM	（2）PSDM	（3）PSACM	（4）PSEM
Spatial	rho	0.287* [0.1632]	0.289* [0.1504]	0.214 [0.1757]	
	lambda			0.156 [0.1471]	0.272* [0.1241]
Variance	sigma2_e	1.918*** [0.3823]	1.883*** [0.3796]	2.010*** [0.3739]	1.911*** [0.1148]
	N	558	558	558	558
	adj.	0.0718	0.0128	0.0969	
	AIC	1966.7	1968.1	1968.6	1957.6
	BIC	2014.3	2028.7	2020.5	1979.2

注：***、**、*分别表示在1%、5%和10%的水平上显著，[ ]内为robust稳健估计下的标准误。

由表7-3可知，在四种模型 PSARM、PSDM、PSACM、PSEM 中自变量 $\ln s_k$ 系数均为1%水平下显著，$\ln s_h$ 系数在 PSACM 模型中10%水平下显著，在其余三个模型中 $\ln s_h$ 系数为5%水平下显著，$\ln(n+g+\delta)$ 系数在 PSARM、PSDM、PSACM、PSEM 四种模型中均为5%水平下显著。PSARM、PSDM 模型中空间自回归系数 $\rho(rho)$ 均在10%水平下显著，PSEM 模型空间误差系数 $\lambda(lambda)$ 在10%水平下显著，说明存在空间效应。通过模型结果可知，在四个空间面板模型回归结果中，自变量系数均为正，可见考虑空间溢出效应情况下，固定资产投资、房地产投资、资本折旧技术劳动力等因素对经济增长均为正向影响。

比较模型 PSARM、PSDM，对于模型 PSDM 空间滞后解释变量不显著，PSARM 模型可以更好地解释房地产投资对经济增长的空间溢出效应，可选用 PSARM 模型解释房地产投资空间效应对经济增长带来的影响，PSARM 模型中 $\ln s_h$ 系数为0.742、空间自回归系数 $\rho(rho)$ 为0.287，且均显著，可知房地产投资通过空间自回归传导促进经济增长，房地产投资空间效应对经济增长的影响效应明显。

比较模型 PSACM 和 PSEM，由 PSACM 回归结果可知，其空间自回归系数 $\rho(rho)$ 和空间误差系数 $\lambda(lambda)$ 均不显著，而 PSEM 模型回归结果显示其空间误差系数 $\lambda(lambda)$ 显著，故选用 PSEM 模型来解释房地产投资对经济增长的空间溢出效应,通过模型分析房地产投资空间效应为房地产投资自身之外的误差项空间滞后传导,为房地产投资自身之外的其他因素引发的对经济增长的空间效应,由空间误差系数 $\lambda(lambda)$ 为 0.272, $\ln s_h$ 系数 0.736 可知,房地产投资对经济增长影响空间效应明显。

比较面板空间自回归模型 PSARM 和面板空间误差模型 PSEM,模型 PSARM 空间自回归系数 $\rho(rho)$ 为 0.287,而模型 PSEM 空间误差系数 $\lambda(lambda)$ 为 0.272,虽然面板空间自回归模型 PSARM 和面板空间误差模型 PSEM 为两个不同模型,但是这两个模型都能很好的解释现象,结合前文理论分析,房地产投资对经济增长的空间效应来源于误差项很大,可认为主要是误差项空间传导引致房地产投资对经济增长的空间溢出效应,即房地产投资外的因素空间滞后传导对经济增长的空间溢出占据主导作用。通过前文的理论分析,引致空间溢出效应主要为两方面因素,一方面为房地产投资引致的资金和人口流入对其他地区的负向空间溢出效应,另一方面为房地产投资要素流动带来的对其他地区的正向溢出效应,本书实证分析房地产投资空间溢出效应为正向溢出效应,对其他地区增长带来促进效应,可认为通过房地产投资要素流动传导引致对经济增长的正向空间溢出效应占据主要地位。

由上述回归结果可知,房地产投资空间溢出对经济增长影响明显。但是自变量回归系数无法直接反映房地产投资对经济增长的空间溢出效应的具体影响程度,因此需要计算直接效应、间接(空间溢出)效应和总效应,计算结果见表 7-4。

表 7-4　基于距离权重矩阵 PSARM 模型的直接效应、间接效应和总效应

	自变量	系数	标准误	Z 统计量	P 值
直接效应	$\ln s_k$	2.553***	0.711	3.59	0.000
	$\ln s_h$	0.729**	0.363	2.01	0.045
	$\ln(n+g+\delta)$	0.829**	0.331	2.51	0.012
间接效应	$\ln s_k$	1.129	0.966	1.17	0.243
	$\ln s_h$	0.305*	0.286	1.97	0.085
	$\ln(n+g+\delta)$	0.351	0.323	1.08	0.278
总效应	$\ln s_k$	3.682***	1.387	2.65	0.008
	$\ln s_h$	1.034*	0.552	1.87	0.061
	$\ln(n+g+\delta)$	1.180**	0.537	2.20	0.028

由表 7-4 可以看出，房地产投资 $\ln s_h$ 直接效应为 5% 水平下显著，其间接空间效应、总效应在 10% 水平下显著。由 PSARM 模型的直接效应、空间溢出效应和总效应结果可看出，房地产投资直接效应、间接空间效应、总效应均为正值，房地产投资对经济增长直接效应、间接空间效应共同促进经济增长，且间接空间效应对经济增长影响达到 0.305，空间溢出效果明显。说明房地产投资不仅促进本地区经济增长，同时对其他地区经济增长也起到明显促进作用，房地产投资对经济增长具有明显的正向空间溢出效应。

7.4.2 稳健性检验

模型可能存在内生性，为检验结果是否稳定，有必要对其进行稳健性检验，由于房地产对经济增长的空间效应，对相邻的省市影响相对更大，本书构建相邻空间权重矩阵，相邻省市权重为 1，非相邻省市权重为 0，对角线元素均为 0，对其标准化后形成标准化相邻空间权重矩阵，用标准化相邻空间矩阵带入计量模型进行回归，结果见表 7-5。

表 7-5　　　　基于相邻权重矩阵面板空间模型回归结果

		（1）PSARM	（2）PSDM	（3）PSACM	（4）PSEM
Main	$\ln s_k$	2.382*** [0.7159]	2.442*** [0.6821]	2.388*** [0.3132]	2.431*** [0.6986]
	$\ln s_h$	0.714** [0.3210]	0.772** [0.3347]	0.774*** [0.2273]	0.790** [0.3292]
	$\ln(n+g+\delta)$	0.761** [0.3352]	0.804** [0.3303]	0.734*** [0.2403]	0.766** [0.3365]
Wx	$\ln s_k$		-0.396 [0.7993]		
	$\ln s_h$		-0.679 [0.7492]		
	$\ln(n+g+\delta)$		-0.0855 [0.8781]		

续表

		(1) PSARM	(2) PSDM	(3) PSACM	(4) PSEM
Spatial	rho	0.282*** [0.0727]	0.312*** [0.0732]	−0.194 [0.1966]	
	lambda			0.465*** [0.1518]	0.303*** [0.0686]
Variance	sigma2_e	1.791*** [0.3685]	1.772*** [0.3589]	1.799*** [0.1416]	1.778*** [0.3561]
	N	558	558	558	558
	adj.R−sq	0.1138	0.0832	0.1602	0.1428
	AIC	1941.2	1944.1	1939.9	1927.2
	BIC	1988.7	2004.7	1991.8	1948.8

注：***、**、*分别表示在1%、5%和10%的水平上显著，[ ]内为robust稳健估计下的标准误。

由表7-5可以看出，基于相邻权重矩阵房地产投资对经济增长面板空间模型回归结果可知，对于模型PSARM与PSDM，空间自回归系数$\rho(rho)$在1%水平下显著，且自变量系数均在5%水平下显著，自变量系数均为正，且大小与距离空间权重矩阵下回归结果相近，模型PSARM与PSDM比较，PSARM模型回归结果仍是优于PSDM模型。对于模型PSACM、PSEM，自变量系数均在5%水平下显著，系数均为正，大小与距离空间权重矩阵下相近。比较模型PSACM和PSEM，虽然空间误差系数$\lambda(lambda)$同为1%水平下显著，但是PSACM模型空间自回归系数$\rho(rho)$不显著，可以认为PSEM模型回归结果优于模型PSACM。另外通过比较模型PSARM、PSEM空间自回归系数$\rho(rho)$和空间误差系数$\lambda(lambda)$，亦能够得出主要为误差项引致房地产投资空间溢出。回归结果与前文基于距离权重矩阵面板空间模型回归结果一致。

接下来对直接效应、空间溢出效应和总效应回归结果进行稳健性检验，基于相邻权空间权重矩阵后PSARM模型的直接效应、间接（空间溢出）效应和总效应结果见表7-6。

表7-6 基于相邻空间权重矩阵 PSARM 模型的直接效应、间接效应和总效应

	自变量	系数	标准误	Z统计量	P值
直接效应	$\ln s_k$	2.4432	0.3282	7.44	0.000
	$\ln s_h$	0.7167	0.2319	3.09	0.002
	$\ln(n+g+\delta)$	0.8028	0.2535	3.17	0.002
间接效应	$\ln s_k$	0.8973	0.2210	4.06	0.000
	$\ln s_h$	0.2634	0.1021	2.58	0.010
	$\ln(n+g+\delta)$	0.2975	0.1208	2.46	0.014
总效应	$\ln s_k$	3.3405	0.4764	7.01	0.000
	$\ln s_h$	0.9801	0.3209	3.05	0.002
	$\ln(n+g+\delta)$	1.1003	0.3594	3.06	0.002

从表7-6中可以看出，基于相邻权空间权重矩阵后 PSARM 模型的直接效应、空间溢出效应和总效应系数除间接效应 $\ln(n+g+\delta)$ 均在5%水平下显著外，其余系数均为1%水平下显著，方向与基于距离空间权重矩阵相同，且大小相仿。

相邻空间权重矩阵下房地产投资对经济增长面板空间模型分析表明，基于距离空间权重矩阵回归结果是稳健的。

7.5 本章研究结论

（一）房地产投资对经济增长具有空间溢出效应

房地产投资不但对本省市经济增长有积极作用，同时通过房地产投资要素流动促进其他省市经济增长。与房地产相关的产业产品来自各个省市自治区甚至国外，房地产投资增加在一定程度上会增加这些房地产投资要素的需求，间接带动其他省市的经济增长。因此，房地产投资对经济增长具有空间溢出效应，且溢出效应明显。

（二）房地产投资空间溢出效应主要为基于房地产投资要素流动形成空间溢出

结合文献梳理和前文理论分析可知，房地产投资一定程度上在资本、人力等空间集聚作用对其他地区形成负面影响。但是房地产投资建设以及

后期装修、居住等消费所必需的上下游产业链产品消费量巨大，而由于当前市场较高的专业化生产，这些产品很大一部分来自外地，这部分生产资料和产品的流动带来的空间溢出在一定程度上抵消了资本、人力等空间集聚所形成的负面影响，且剩余的空间溢出对经济增长形成空间溢出效应，验证了房地产投资对经济增长空间溢出效应主要依靠房地产要素流动所致。

（三）房地产投资空间溢出效应能够促进经济增长

虽然房地产投资可能在一定程度上由于资本、劳动力等因素的集聚效应对其他地区存在挤出效应，但是房地产投资对房地产投资建设所必需的中间产品的大量需求拉动整个房地产相关行业上下游产业链，不但对本地区具有拉动经济作用，对其他地区经济增长也起到了积极促进作用，这种乘数效应作用带来的空间溢出效应不但抵消了其空间挤出效应，还能在一定程度上促进经济增长。

第 8 章

结论、建议和研究展望

8.1 研究结论

(一) 房地产投资在国民经济发展中占有重要地位

2000年以来，中国房地产投资保持了高速增长，2000年，全国房地产开发投资只有4984.05亿元，在2018年达到120263.51亿元，年平均增长率为19.35%，保持了较高的增长水平。房地产投资在全社会固定资产投资中的占比，2000—2018年一直维持在15%～20%，房地产投资占国内生产总值的比值近几年也一直维持在13%～14%的水平，可见，房地产投资在国经济发展的过程中占有重要地位。房地产投资的稳定持续增长将直接影响国民经济的稳定、持续和健康发展，房地产投资相关的产业链长，上下游相关行业多，与国民经济多个部门的发展都有着至关重要的关联。在国民经济运行中，房地产投资对三次产业众多行业的发展均起到促进作用。另外，房地产投资增长也在城镇化建设、拉动内需、提供就业岗位、提高人们居住条件等方面发挥了重要作用。

(二) 房地产投资与宏观经济发展存在长期均衡关系

通过协整检验分析证明，房地产投资与国内生产总值存在一定的长期均衡关系。房地产业是经济发展的重要组成部分，同时经济的发展离不开房地产投资。房地产投资增长是经济快速发展的必然结果，尤其是第二产业的快速发展，使得社会生产效率大大提高，劳动人口尤其是农业剩余劳动人口向工业、商业、服务业、文化、科技更发达和效率更高的城市和城镇流动，产生集聚集群效应，形成各级经济文化中心，这些经济文化中心的建设要求房地产投资的增长。社会生产效率的提高，不仅是城市人口的集聚，同时也带动了城市和农业人口的收入增加，改善居住需求和投资需求也在一定程度上带来更多的房地产投资需求。对房地产投资需求增加，是经济发展到一定程度上的必然结果。

满足人们居住、生活、文化需求的城市建设离不开房地产投资，城市建设和人口居住需求拉动房地产投资的增长。同时，由于房地产投资体量大、产业链长，其乘数效应致使房地产投资对经济增长贡献较大，房地产建设需要大量的建设生产资料，房地产建设对生产资料的需求带来新一轮的投资和产出，同时，房地产投资后续还可以带来家装、家具、家电、家居等消费增长，在一定程度上可带来经济产出增长，能够起到刺激经济增长的作用。

（三）房地产投资对三次产业贡献明显

房地产投资能够有效地拉动经济增长，对于三次产业均有较大贡献。相比较而言，对第二产业的贡献要大于第三产业。房地产业产业链长，上下游相关产业多，直接相关的重要产业属于第二产业的最多，包括钢材、水泥、机械、化工、陶瓷、电力、石材、消防器材、家具、家电、装饰装修材料等，这些产业的增长必然带动其上游产业包括煤炭、采矿、有色金属、石油等相关产业的发展。同时，房地产业发展还将带动第三产业包括交通运输、批发和零售业、租赁和商务服务业、仓储和邮政业等相关产业发展。

与非房地产固定资产投资比较，房地产投资对经济增长短期带动效应明显。房地产投资对三次产业增长影响能够较快地响应，并产生正向效应。房地产投资高投入、高成本性决定了房地产建设需要大量资金投入和建设成本，通过融资活动带动了金融业发展，而房地产项目建筑安装需要大量的水泥钢材等建筑材料、装修装饰材料、建安机械以及电力消耗等，这些生产资料的快速消耗带动中国经济相关产业的发展，短期内对经济增长带动效应明显。

（四）房地产投资对经济增长的影响受地域、经济发展水平、房地产投资增速而有所不同

中国地域辽阔，区域经济发展不平衡，房地产投资对经济增长影响受

地域、经济发展水平、房地产投资增速等的影响非常明显。时间数列 VAR 模型、面板数据回归、面板门限回归模型和面板空间模型实证分析结果显示，房地产投资与经济增长之间具有同向的相关关系，房地产投资对经济增长具有明显的正向影响。这种正向影响主要是基于房地产投资可以通过房地产本身产出及带动其相关产业的投资，刺激其上下游关联产业增长，一定程度上促进了经济增长。但是由于中国地域和经济发展的差异和房地产投资增速的不同，房地产投资对经济增长的影响也存在差异。房地产投资对与经济增长的影响，东部地区和中部地区影响较大，西部地区影响较小。2008 年后东部地区房地产投资产出弹性变化不大，中部地区房地产投资产出弹性得到大幅提高。

房地产投资对经济增长的影响因为经济发展水平不同而具有差异性。房地产投资对经济增长的影响依赖于地区的经济发展水平，随着经济发展水平的提高，房地产投资对经济增长影响逐渐降低。经济发展水平越高的地区，房地产投资对经济增长影响越小，主要由于经济发达地区具有更多的经济增长手段，而欠发达地区经济增长手段不多，短期内更加依赖房地产投资对经济增长的刺激。

高增速的房地产投资会抑制经济增长。房地产投资暴涨暴跌，都会对经济带来严重干扰。房地产投资过快，势必占用大量社会资本，对非房地产固定资产投资的"挤出效应"在一定程度上抑制了经济增长。另外，由于房地产市场的容量有限，房地产投资不可能持续保持高速增长，且房地产业涉及相关产业多，一旦增速下降，对其他产业带来负面影响将导致经济失衡并抑制经济增长。

（五）房地产投资对经济增长具有正向空间溢出效应

房地产投资对经济增长存在正向空间溢出效应。面板空间效应模型回归结果显示，其空间自回归系数 $\rho(rho)$、空间误差系数 $\lambda(lambda)$ 或系数 $\rho(rho)$ 与 $\lambda(lambda)$ 的和均为正，且在一定水平下显著，说明房地产投资对经济增长具有正向空间溢出效应。房地产投资不但对本省市经济增长有积极作用，同时通过房地产投资要素流动促进其他省市经济增长。房地产投资要素包含与房地产投资相关的上下游产业链及其资本、人力、技术、产品等，而这些产业、资本、产品等来自其他省市自治区甚至于国外，房地产投资增加在一定程度上会增加这些房地产投资要素的需求，间接带动其他省市的经济增长。因此，房地产投资对经济增长具有空间溢出效应，且溢出效应明显。

房地产投资空间溢出效应主要源于房地产投资要素流动。通过面板空间自回归 PSARM 模型与面板空间误差模型 PSEM 比较，模型 PSARM 空间自回归系数 $\rho(rho)$ 为 0.287，而模型 PSEM 空间误差系数 $\lambda(lambda)$ 为 0.272，空间溢出效应主要为误差项引致空间溢出传导，可认为主要为通过房地产投资要素流动传导引致对经济增长的正向空间溢出效应。结合文献梳理和前文理论分析可知，房地产投资一定程度上在资本、人力等的空间集聚作用对其他地区形成负面影响。但是房地产投资建设以及后期的房地产消费所必需的上下游产业链产品消费量巨大，而由于当前市场较高的专业化生产，这些产品大部分来自外地，这部分中间产品的流动带来的空间溢出在一定程度上抵消了资本、人力等空间集聚作所形成的负面影响，且剩余空间溢出对经济增长形成正向空间溢出效应。

房地产投资空间溢出效应能够促进经济增长。面板空间自回归 PSARM 模型计算结果得出房地产投资回归系数、空间相关系数 $\rho(rho)$ 显著为正。另外，空间溢出效应分析中直接效应、间接效应和总效应均显著为正，房地产投资空间溢出效应对经济增长具有正向促进作用。虽然房地产投资可能在一定程度上由于资本、劳动力等因素的集聚效应对其他地区存在挤出效应，但是房地产投资对房地产投资建设所必需的中间产品的大量需求拉动整个房地产相关行业上下游产业链，不但对本地区具有经济拉动作用，对其他地区经济增长也起到了积极促进作用。

8.2　对策建议

（一）保持适当的房地产投资增速，缓解经济下行压力

受国际经济环境不景气影响，当前中国经济面临较大的下行压力，发挥固定资产投资在推动经济增长中的关键性作用势在必行。房地产投资作为固定资产投资的重要组成部分，应当保持适当的增长速度。

稳定的房地产投资增速有利于巩固去产能成果、扩大内需。相关资料显示，钢铁、水泥、平板玻璃等产能过剩行业的产品超过50%用于建筑工程，在目前这些行业产能利用率逐步提高的情景下，保持房地产投资平稳的增速，可以巩固近年来去产能所取得的成果。房地产投资在城镇化建设、拉动内需、提供就业岗位、提高人们居住条件等方面发挥了重要作用，稳定的房地产投资增速，可以进一步扩大内需，减缓经济下行的压力。

（二）保持适当的房地产投资增速，促进城市化进程

根据国务院发布的国家人口发展规划（2016—2030年），2030年我国城镇化率预期发展目标为70%，预计2016—2030年，农村向城镇累计转移人口约2亿人，我国城镇化的持续推进必然会带动城市房地产需求的增加。而随着老龄化和居民消费升级的进一步发展，以养老地产和旅游地产为代表的产业地产同样需要大量的房地产投资。

城市化进程的加快促进了房地产投资的增长，房地产投资应与城市发展相匹配，房地产投资适度超前有利于城市发展，而超过城市发展太多，会形成房地产供过于求，造成"有城无市、有城无业、有城无人"的局面。一个地区和城市只有拥有大量稳定的就业机会、必要的社会保障和城市环境，对劳动力才具有吸引力，才会有更多的包含房地产在内的消费和投资。适当的房地产投资能够为城市提供良好的城市居住环境和城市投资环境，吸引投资和就业人口，促进城市化进程。

（三）依据区域经济发展水平制定合理的房地产调控手段

根据区域经济发展水平，应实施差别化的政策，合理控制房地产投资规模并采取区域性的房地产调控政策。房地产投资对经济增长的影响与当地的经济发展水平、人均收入水平、工业化水平、基础设施建设水平、教育、文化、医疗保健等方面或多或少都有一定联系，可针对不同地区制定不同的房地产市场调控政策。可充分发挥基层优势，依据当地微观实际情况制定调控政策，重点限制房地产过热地区的房地产投资与房价过快增长。依据中央提出的"房住不炒"的精神，建立房地产市场平稳健康发展长效机制的同时，可发挥房地产投资拉动经济增长的积极作用。

房价调控与房地产投资调控应区别对待。控制房价过快增长一直是政府房地产调控政策的主线，对房价的调控政策在一定程度上限制了房地产投资过快增长，也可能带来过度抑制房地产投资的后果。在抑制房价过快上涨时，可以制定和实施抑制房价过快上涨但不影响房地产投资的政策，例如限制房地产企业随意定价，严格执行房地产生产和出售计划，房地产投资信贷利率与住房按揭贷款利率区别对待，发挥房产税在房地产调控中的主体作用等。同时可加大保障房的建设和供应，充分发挥保障性住房的积极作用，保障性住房拥有者在购买商品房时，应先退出保障房的使用，最大限度地发挥保障性住房的作用。

（四）优化经济发展空间布局，促进房地产投资的空间溢出效应

房地产投资具有空间溢出效应，是基于地区间的房地产投资要素的流动来实现的，未来房地产市场调控政策的制定应充分考虑其空间效应及结构异质性，特别是制定区域性房地产政策时，应更多地考虑经济邻近的区域房地产产业链的形成，加强中心城市区域辐射作用，打造更多类似"京津冀""长三角""珠三角"的中心城市经济圈，促进经济资源环境协调发展，推广共享经济发展理念，优化经济发展空间布局，缩小地区间经济发展差距，促进房地产投资活动的空间溢出效应，带动相邻地区经济协同发展，从而促进形成房地产市场均衡稳定发展的长效机制，助推经济可持续增长。[①]

（五）持续平稳的房地产投资对于中国经济平稳快速发展具有积极意义

房地产投资对国民经济短期波动影响较大，过大或过小的房地产投资增速都预示着产业结构失衡、经济发展的低效率，房地产市场暴涨暴跌，都会对经济发展带来严重干扰。房地产投资具有挤出效应，过快的房地产投资增速，将带来产业结构的失衡，抑制其他产业的投资与发展。由于投资的乘数效应，一定量的房地产投资可以带来数倍的较高水平经济产出，带动相关产业的大规模产出与投资，一旦房地产投资快速下降，不仅相关产业产出受到影响，而且会使得由于快速增长的房地产投资形成的其他行业相关产业投资不能及时调整发展战略，造成这些相关行业产能过剩，增加社会经济运行风险，2007年后的几年里，国内一些行业的产能过剩也在一定程度上验证了其风险对经济发展的冲击。房地产投资占用社会资金多，关联产业多，对社会经济影响大，所以保持平稳的房地产投资对促使中国经济平稳快速增长具有积极意义。

[①] 张屹山，孟宪春，李天宇．房地产投资对经济增长的空间效应分析［J］．西安交通大学学报（社会科学版），2018，38（01）：12－18．

8.3　研究不足

通过研究，本书系统分析了房地产投资对经济增长的理论、机制与机理，利用不同计量方法通过不同研究角度对房地产投资对经济增长的影响进行了深入分析和研究。但由于暂时还没有发现更合适的计量研究方法和一些数据的保密性无法取得第一手真实数据，加之一些数据采集整理困难等方面的原因导致还有些方面无法深入探究，另外本书研究的有些地方也还有很多需要进一步深入研究和完善的地方，主要包括以下几个方面：

（1）本书房地产投资对经济增长影响方面论证较多，但是对于房地产投资的挤出效应（包括对其他投资、消费、技术进步、人力资源等）定量研究还没有发现较好的计量方法，虽然在这方面已有一些学者做了一定的研究。

（2）房地产投资与经济增长关系受国家政策影响较大，本书没有考虑房地产调控政策因素。

8.4　研究展望

研究不足也是笔者下一步重点要研究和解决的问题。在今后的研究中寻求适合对房地产投资挤出效应的定量研究方法，就房地产投资对其他投资、消费、技术进步、人力资源等挤出效应进行定量研究，以期发现房地产投资对经济增长的真实影响。在下一步研究中，定量分析房地产调控政策对房地产投资的影响，以及房地产调控政策对房地产投资的经济增长效应带来的影响，在考虑房地产投资的调控政策下，定量分析基于政策影响下房地产投资对经济增长的影响。

参考文献

[1] 安同信,张婉.房地产投资与经济增长的实证分析[J].济南大学学报(社会科学版),2014,24(06):77-82.

[2] 白俊红,王钺,蒋伏心等.研发要素流动、空间知识溢出与经济增长[J].经济研究,2017(07):109-123

[3] 蔡俊,项锦雯,董斌.中国房地产投资驱动力时空特征[J].经济地理,2016,36(07):114-121.

[4] 陈昌兵.房地产、经济结构升级与可持续增长[J].学习与探索,2017(11):137-145.

[5] 陈峰,张妍.我国房地产长效机制的构建困境与若干建议[J].学习与探索,2018(02):117-123.

[6] 陈金英,杨青山,张鹏,刘贺贺.吉林省房地产的经济效率研究[J].东北师大学报(自然科学版),2016,48(04):151-157.

[7] 陈淑云,付振奇.城市化、房地产投资与经济增长的关系分析——以湖北省1990—2009年时间序列数据为例[J].经济体制改革,2012(02):30-35.

[8] 陈晓,魏兰叶.经济新常态下我国房地产市场发展路径研究——基于房地产投资水平分析[J].商业经济研究,2017(01):187-191.

[9] 陈湘州,袁永发.房地产投资影响经济增长的区域性差异——基于省际面板数据的实证分析[J].北京工商大学学报(社会科学版),2013,28(06):117-122.

[10] 陈小亮.构建房地产长效机制的对策探析:基于"长效"的视角[J].人文杂志,2018(08):33-41.

[11] 陈小亮.房地产对经济增长的短期与长期影响[J].中国高校

社会科学，2017（06）：52-60+154-155.

[12] 陈胤辰，蒋国洲．城市化进程对房地产业影响的空间计量分析[J]．统计与决策，2013（05）：122-125.

[13] 程国平，汪波，岳毅宏．房地产投资系统动力学模型的建立及其长期演化行为研究[J]．系统工程理论与实践，2003（10）：65-68+80.

[14] 窦鹏鹏．投资水平对环境污染程度的影响研究——基于资本投资和房地产投资的比较[J]．生态经济，2019（08）：157-162.

[15] 冯科．中国房地产投资波动对经济周期的影响研究[J]．北京工商大学学报（社会科学版），2016，31（05）：116-126.

[16] 郭文伟，钟明．基于MS-VAR模型的房地产产业联动机制非对称性研究[J]．商业研究，2016（01）：37-48.

[17] 韩天明．中国房地产业与区域经济发展研究[D]．北京邮电大学博士学位论文，2016.

[18] 何珊珊，徐长生，朱乾宇．中国房地产行业存在过度进入和投资吗[J]．当代财经，2019（04）：3-13.

[19] 胡谍．房地产市场对宏观经济的影响机制研究[D]．北京：清华大学博士学位论文，2011.

[20] 华昱．预期冲击、房地产部门波动与货币政策[J]．当代经济科学，2018，40（02）：47-56+126.

[21] 黄忠华，吴次芳，杜雪君．房地产投资与经济增长——全国及区域层面的面板数据分析[J]．财贸经济，2008（08）：56-60+72.

[22] 黄燕芬，李志远，张超．坚持"房住不炒"深入推进房地产市场供给侧结构性改革——2017年房地产政策回顾与2018展望[J]．价格理论与实践，2018（01）：17-23.

[23] 贾海发，邵磊，刘成奎，等．西宁市房地产投资与城市经济耦合协调发展测度[J]．现代城市研究，2019（03）：116-122.

[24] 贾生华，陆嘉玮．房地产企业过度投资行为成因、后果及治理研究[J]．现代管理科学，2017（12）：12-14.

[25] 江康奇，李锦然．房地产投资、金融发展与城市创新——基于152个地级市面板数据的分析[J]．金融与经济，2019（07）：37-44.

[26] 景刚．中国房地产投资对三次产业增长贡献研究[J]．东北财

经大学学报, 2019 (02): 44-51.

[27] 景刚, 王立国. 房地产投资对中国经济增长影响效应研究——基于31省市面板数据 [J]. 投资研究, 2019 (04): 80-92.

[28] 况伟大. 地产投资、房地产信贷与中国经济增长 [J]. 经济理论与经济管理, 2011 (01): 59-68.

[29] 蒋彧, 全梦贞. 中国房地产市场波动的驱动因素分析 [J]. 河海大学学报 (哲学社会科学版), 2017, 19 (02): 19-25+89-90.

[30] 梁云芳, 高铁梅, 贺书平. 房地产市场与国民经济协调发展的实证分析 [J]. 中国社会科学, 2006 (03): 74-84.

[31] 梁云芳, 高铁梅. 中国房地产价格波动区域差异的实证分析 [J]. 经济研究, 2007 (08): 133-142.

[32] 李江涛, 褚磊, 纪建悦. 房地产投资与工业全要素生产率 [J]. 山东大学学报 (哲学社会科学版), 2018 (05): 131-139.

[33] 李熙娟, 李斌. 房地产业与国民经济增长的实证研究 [J]. 商业研究, 2006 (04): 201-204+213.

[34] 李玉杰, 王庆石. 我国房地产业对国民经济其他产业带动作用研究 [J]. 山东财政学院学报, 2011 (01): 87-91.

[35] 李昊, 李小瑛, 陈广汉. 房价上涨对工业企业退出影响研究——基于工业企业数据的实证分析 [J]. 经济问题探索, 2019 (05): 50-60.

[36] 李楠, 吴武清, 陈敏. 中国房地产投资与国民经济关系结构变点研究 [J]. 数理统计与管理, 2012 (06): 1061-1072.

[37] 李庆华, 周瑶. 房地产投资对货币传导机制的影响研究——基于VADL模型的实证分析 [J]. 现代财经 (天津财经大学学报), 2016, 36 (12): 86-96.

[38] 李菁, 张东, 陈金洪. 房地产开发投资、经济增长与交通基础设施——基于Panel-var模型的检验 [J]. 经济问题探索, 2018 (07): 20-26.

[39] 黎绍凯, 张洪, 窦昕烨. 我国房地产业挤占了非房地产投资吗——"合理投资"还是"过度投资" [J]. 投资研究, 2017, 36 (12): 19-35.

[40] 刘超, 李江源, 王超等. 房地产发展、经济增长动力要素、外部环境与经济增长效应研究——来自2000—2016年经济运行数据实证 [J].

管理评论，2018，30（08）：16-31.

[41] 刘焕鹏，徐炜，董利红. 高速增长的房地产投资是否推升了劳动力成本？——基于中国地级及以上城市的证据 [J]. 现代财经（天津财经大学学报），2018，38（04）：16-29.

[42] 刘康兵，韩佳琪. 基于投入产出模型的中国房地产业关联效应分析 [J]. 现代城市研究，2017（01）：100-104+110.

[43] 刘万红，周义，周怡. 中部地区省会城市房地产与城市经济系统耦合协调研究 [J]. 资源开发与市场，2017，33（06）：699-704.

[44] 卢飞，刘明辉. 贷款规模、房地产投资与城市经济增长——基于283个地级以上城市的经验分析 [J]. 统计与信息论坛，2017，32（10）：66-75.

[45] 陆桂贤，许承明. 房地产投资挤出了制造业投资吗？——基于外部融资视角 [J]. 学海，2017（04）：109-114.

[46] 陆菊春，贾自武，田洪芬. 房地产投资对经济增长效应及区域性差异的研究 [J]. 武汉理工大学学报（信息与管理工程版），2008，30（06）：959-963.

[47] 鲁君四. 中国房地产业发展对经济增长的影响研究 [D]. 长春：吉林大学博士学位论文，2017.

[48] 陆子含，陈锡康，高翔. 固定资本形成内生化的房地产投入占用产出局部闭模型及其应用 [J]. 管理评论，2018，30（05）：225-232.

[49] 陆子含，陈锡康，高翔. 投资内生化的房地产投入占用产出局部闭模型及其应用 [J]. 数学的实践与认识，2018，48（02）：67-75.

[50] 罗国银. 房地产投资对地区经济增长的贡献差异——基于面板数据的分析 [J]. 求索，2010（09）：50-51+27.

[51] 罗知，张川川. 信贷扩张、房地产投资与制造业部门的资源配置效率 [J]. 金融研究，2015（07）：60-75.

[52] 吕凤勇. 房地产投资与产出波动的一般均衡研究 [J]. 经济问题探索，2016（04）：40-47.

[53] 吕涛. 房地产投资在地方经济发展中的影响研究——基于东部10个省市的经验分析 [J]. 经济问题，2012（10）：34-36.

[54] 马伟. 基于系统论的中国房地产业健康发展研究 [D]. 北京：

北京交通大学博士学位论文，2014.

[55] 马晓国，熊向阳. 房地产投资与区域经济发展的动态关系分析[J]. 统计与决策，2017（12）：112-114.

[56] 宁琰，许鹏. 房地产投资、固定资产投资和GDP关系研究[J]. 武汉理工大学学报，2008，30（12）：173-176.

[57] 彭俞超，黄娴静，沈吉. 房地产投资与金融效率——金融资源"脱实向虚"的地区差异[J]. 金融研究，2018（08）：51-68.

[58] 蒲勇健，晏国菀. 房地产行业对三次产业增长的贡献度研究[J]. 经济与管理，2010（07）：5-9.

[59] 全诗凡，黎绍凯等. 房地产投资、空间效应与城市化[J]. 投资研究，2016（08）：19-28.

[60] 任木荣，苏国强，何晓春. 房地产业与三次产业的灰关联分析[J]. 统计与决策，2009（02）：116-118.

[61] 茹渭. 我国房地产投资与国民经济发展关系的实证分析[J]. 上海金融，2015（03）：107-110.

[62] 沈镇江. 商品住宅市场波动机理与系统仿真研究[D]. 哈尔滨：哈尔滨工业大学博士学位论文，2010.

[63] 沈悦，刘洪玉. 中国房地产开发投资与GDP的互动关系[J]. 清华大学学报（自然科学版），2004（09）：1205-1208.

[64] 沈悦，董鹏刚. 房价波动、投资约束与经济增长——基于异质性面板门槛模型的研究[J]. 大连理工大学学报（社会科学版），2018，39（03）：39-47.

[65] 孙煜，孙军，陈柳. 房地产业扩张对我国产业结构影响的实证分析[J]. 江苏社会科学，2018（04）：77-84.

[66] 唐晓灵，郭悦. 城市房地产业与区域经济关系研究——基于陕西省整体及辖区10城[J]. 科技促进发展，2018，14（05）：373-379.

[67] 田秉涛，王晓文，尹春. 基于ESDA-GIS的福建省房地产住宅投资时空格局及其影响机制研究[J]. 福建师范大学学报（自然科学版），2014，30（02）：81-89.

[68] 万婷. 基于因子分析法的城市房地产投资环境评价[J]. 统计与决策，2016（03）：66-68.

[69] 王国军, 刘水杏. 房地产业对相关产业的带动效应研究 [J]. 经济研究, 2004 (08): 37-47.

[70] 王骐骥. 论房地产拉动经济增长的原由、问题及启动的近期方略 [J]. 经济评论, 2000 (05): 56-58.

[71] 王帅, 陈忠暖, 刘松. 广州市房地产投资与经济增长关系分析 [J]. 华南师范大学学报 (自然科学版), 2015, 47 (04): 135-140.

[72] 王利蕊. 中国房地产投资对国民经济包容性增长的实证研究 [J]. 经济问题, 2013 (08): 47-53.

[73] 王先柱. VAR 模型框架下房地产业与经济增长关系的实证检验 [J]. 经济问题, 2007 (07): 31-34.

[74] 王先柱, 刘彩珍. 城市竞争力与房地产业耦合协调发展的时空特征分析——基于我国35个大中型城市的实证研究 [J]. 华东经济管理, 2018, 32 (05): 76-83.

[75] 王文甫, 王瑞祥. 政府投资对房地产和非房地产部门效应的非对称性分析 [J]. 当代经济科学, 2018, 40 (01): 35-42+125.

[76] 王业辉. 房地产投资调控与GDP稳态增长相关性实证分析 [J]. 宏观经济研究, 2019 (03): 47-58.

[77] 王建斌, 尹微微. 投资性住房需求、技术冲击与宏观经济 [J]. 现代经济探讨, 2018 (07): 45-54.

[78] 魏峰, 武晓明. 基于投入产出表的中国房地产业经济效应分析 [J]. 统计与决策, 2017 (18): 144-147.

[79] 魏兰叶, 陈晓. 房地产对制造业国际竞争力影响的实证分析 [J]. 产业经济评论, 2017 (01): 45-59.

[80] 温军, 赵旭峰. 我国股票市场、房地产市场与经济增长的关系 [J]. 统计与决策, 2007 (20): 90-92.

[81] 吴海英. 房地产投资增速对钢铁投资和总投资增速的影响 [J]. 世界经济, 2007 (03): 22-30.

[82] 吴景泰, 陈文斌. 投入——产出视角下房地产上市公司投资效率研究 [J]. 财会通讯, 2018 (29): 3-6+129.

[83] 夏明. 从投入产出数据看房地产发展对我国经济的影响 [J]. 经济学动态, 2009 (11): 11-15.

[84] 向为民. 房地产产业属性及产业关联度研究 [D]. 重庆: 重庆大学博士学位论文, 2014.

[85] 肖珂, 黄宗远. 我国房地产业对制造业挤出效应的传导机制研究 [J]. 郑州大学学报 (哲学社会科学版), 2019, 52 (03): 47-53.

[86] 谢凝芳, 宋传芬, 孙红兵. 房地产购买、房地产投资、非房地产投资与经济增长相互关系研究 [J]. 昆明理工大学学报 (自然科学版), 2017 (04): 117-126.

[87] 许宪春, 贾海, 李皎等. 房地产经济对中国国民经济增长的作用研究 [J]. 中国社会科学, 2015 (01): 84-101.

[88] 徐会军, 唐志军, 巴曙松. 我国房地产投资增长率波动的实证研究——基于景气指数和脉冲方法的分析 [J]. 东北大学学报 (社会科学版), 2009, 11 (05): 405-411.

[89] 许家军. 我国房地产业的关联特性及经济效应研究 [D]. 南京: 南京大学博士学位论文, 2012.

[90] 杨阔, 王才. 房地产业发展的长期影响因素和规律——基于国际经验的总结 [J]. 现代管理科学, 2017 (11): 105-108.

[91] 杨婷, 南灵. 我国房地产投资对国民经济增长的影响研究 [J]. 西安财经学院学报, 2010, 23 (02): 29-32.

[92] 易宪容. "房地产化" 经济的转型与房地产长效机制的确立 [J]. 探索与争鸣, 2017 (08): 107-114.

[93] 詹世鸿. 中国房地产市场与宏观经济运行的关联性研究 [D]. 吉林: 吉林大学博士学位论文, 2012.

[94] 詹王镇, 刘振宏. 我国房地产业功能定位——基于对相关产业带动效应的分析 [J]. 经济问题, 2011 (11): 27-31.

[95] 翟乃森, 钟春平. 中国房地产市场波动与宏观溢出效应研究——基于动态随机一般均衡框架 [J]. 上海经济研究, 2018 (10): 82-93.

[96] 张琳, 陈美亚. 中国房地产业与经济增长关系研究 [J]. 南京工业大学学报 (社会科学版), 2002 (03): 67-70.

[97] 张延群. 我国房地产投资是否具有挤出效应?——基于 I (2) VECM 的分析 [J]. 数理统计与管理, 2016, 35 (02): 329-340.

[98] 张红, 于渤, 鞠立新. 中国住房开发投资空间聚集变动及影响

因素研究 [J]. 运筹与管理, 2016, 25 (02): 197-202.

[99] 张洪, 金杰, 全诗凡. 房地产投资、经济增长与空间效应——基于 70 个大中城市的空间面板数据实证研究 [J]. 南开经济研究, 2014 (01): 42-58.

[100] 张泓铭. "房子是用来住的、不是用来炒的"解析——对习近平房地产核心思想的理解 [J]. 上海经济研究, 2017 (07): 12-19+30.

[101] 张嘉麟, 瞿宛文. 中国钢铁业近年来高速增长之成因 [J]. 世界经济文汇, 2014 (04): 1-19.

[102] 张立新, 肖斌, 赵晓磊. 中国房地产走势: 非常规空间聚集的视角 [J]. 财经科学, 2014 (11): 110-119.

[103] 张屹山, 孟宪春, 李天宇. 房地产投资对经济增长的空间效应分析 [J]. 西安交通大学学报 (社会科学版), 2018, 38 (01): 12-18.

[104] 张清勇, 郑环环. 中国住宅投资引领经济增长吗? [J]. 经济研究, 2012 (02): 67-79.

[105] 张永岳, 胡金星, 王盛. 中国房地产业快速发展奇迹: 驱动因素与可持续性研究 [J]. 华东师范大学学报 (哲学社会科学版), 2018, 50 (06): 82-91+174-175.

[106] 张永岳. 中国房地产业与国民经济的互动效应及其协调发展 [J]. 华东师范大学学报 (哲学社会科学版), 2008 (06): 126-134.

[107] 赵永升, 黄燕芬. 房地产市场宏观调控的长效机制研究 [J]. 现代管理科学, 2017 (12): 27-29.

[108] 郑忠华. 房地产资产、经济扰动和宏观经济波动 [D]. 天津: 南开大学博士学位论文, 2012.

[109] 周稳海, 许东钊, 陈立文. 房地产投资促进经济增长的区域比较研究 [J]. 建筑经济, 2014, 35 (07): 72-77.

[110] 中国人民银行邢台市中心支行课题组, 张力生, 张丽莎, 刘圣. 金融发展、房地产投资对京津冀城镇化空间差异的影响研究 [J]. 金融理论与实践, 2017 (10): 57-61.

[111] Aizenman J., Jinjarak Y., & Zheng H. Housing Bubbles, Economic Growth, and Institutions [J]. *Open Economies Review*, 2019, 30 (4): 655-674.

[112] Arku. The Housing and Economic Development Debate Revisited: Economic Significance of Housing [J]. *Journal of Housing and Built Environment*, 2006, 21: 377—395.

[113] Ball M. Institutions in British Property Research: A review [J]. *Urban Studies*, 1998, 35 (9): 1501 – 1517

[114] Bates L. J., Giaccotto C., & Santerre R. E. Is the Real Estate Sector more Responsive to Economy – wide or Housing Market Conditions? an Exploratory Analysis [J]. *The Journal of Real Estate Finance and Economics*, 2015, 51 (4): 541 – 554.

[115] Barkham, R. Real Estate and Recessions [J]. *Real Estate and Globalisation*, 2012 (5): 67 – 91.

[116] Baffoe Bonnie J. The Dynamic Impact of Macroeconomic Aggregates on Housing Prices and Stock of Houses: A National and Regional Analysis [J]. *Journal of Real Estate Finance and Economics*, 1998, 17 (2): 179 – 197.

[117] Benati L., P. Surico. Evolving U. S. Monetary Policy and the Decline of Inflation Predictability [J]. *Journal of the European Economic Association*, 2008, 6 (2 – 3): 643 – 646.

[118] Bencardino M., Nesticò A. Urban Sprawl, Labor Incomes and Real Estate Values [M]. *Computational Science and Its Applications* – ICCSA 2017.

[119] Benhabib J., Rogerson R., Wright R. Homework in Macroeconomics: Household Production and Aggregate Fluctuations [J]. *Journal of Political Economy*, 1991, 99 (6): 1166 – 1187.

[120] Bernanke B. S. Housing, Housing Finance, and Monetary Policy [C]. Jackson Hole, Wyoming, USA: FRB.

[121] Cecchetti S. G., Genberg H., Wadhwani S. Asset Prices in a Flexible Inflation Targeting Framework [R]. National Bureau of Economic Research, 2002.

[122] Chang T., Nieh C. C. A Note on Testing the Causal Link between Construction Activity and Economic Growth in Taiwan [J]. *Journal of Asian Economics*, 2004 (15): 591 – 598.

[123] Chen Y., He M. Rudkin S. Understanding Chinese Provincial Real

Estate Investment: A Global VAR Perspective [J]. *Economic Modelling*, 2017, 67: S0264999316308793.

[124] Coulson, N. E., Kim, M. S. Residential Investment, Non – Residential Investment and GDP [J]. *Real Estate Economics*, 2000, 28 (2): 233 – 247.

[125] D'Arcy E., Keogh G. Territorial Competition and Property Market Process: an Exploratory Analysis [J]. *Urban Studies*.

[126] Diop M. Real Estate Investments, Product Market Competition and Stock Returns [J]. *Real Estate Economics*, 2018, 46 (2).

[127] Durbin J., S. J. Koopman. A Simple and Efficient Simulation Smoother for State Space Time Series Analysis [J]. *Biometrika*, 2002, 89 (3): 603 – 616.

[128] Durbin J., S. J. Koopman. Time Series Analysis by State Space Methods, Oxford: Oxford University Press, 2012.

[129] Edelstein R. H., Lum S. K. House Prices, Wealth Effects, and the Singapore Macroeconomy [J]. *Journal of Housing Economics*, 2004, 13 (4): 342 – 367.

[130] Elbourne A. The UK Housing Market and the Monetary Policy Transmission Mechanism: An SVAR Approach [J]. *Journal of Housing Economics*, 2008, 17 (1): 65 – 87.

[131] Fujita, M., Thisse J. F. Economics of Agglomeration: Cities, Industrial Location, and Regional Growth [M]. Cambridge: Cambridge University Press, 2002.

[132] Gali J., Gertler M., Lopez – Salido J D. Markups, Gaps, and the Welfare Costs of Business Fluctuations [J]. *The Review of Economics and Statistics*, 2007, 89 (1): 44 – 59.

[133] Garrick S. Michael V. & Delwar A. Property Values and Regional Economic Vitality: Valuation Methods as an Indicator of Property Market Behaviour [J]. *Australasian Journal of Regional Studies*, 2016, 22 (2): 285 – 306.

[134] Green, R. K. Follow the Leader: How Changes In – Residential and Non – Residential Investment Predict Changes in GDP [J]. *Real Estate*

Economics, 1997, 25 (2): 253 – 270.

[135] Glaeser E., Huang W., Ma Y., et al. A Real Estate Boom with Chinese Characteristics [J]. *Journal of Economic Perspectives*, 2017, 31 (1): 93 – 116.

[136] Hafez R. M. New Cities Between Sustainability and Real Estate Investment: A Case Study of New Cairo City [J]. *Hbrc Journal*, 2017, 13 (1): S1687404815000188.

[137] Hansen B. E. Sample Splitting and Threshold Estimation [J]. *Econometrica*, 2000, 68 (3): 575 – 603.

[138] Harrison Hong, Jeremy C. Stein. A Unified Theory of Underreaction, Momentum Trading, and Overreaction in Asset Markets [J]. *Journal of Finance*, 1999, 54 (6): 2143 – 2184.

[139] Harris R., Arku G. Housing and Economic Development: Theevolution of an Idea Since 1945 [J]. *Habitat International*, 30 (4): 2006, 1007 – 1017.

[140] Hansen B. E. Threshold Effects in Non – dynamic Panels: Estimation, Testing, and Inference [J]. *Journal of Econometrics*, 1999, 93 (2): 345 – 368.

[141] Hendershott P. H. Equilibrium Models in Real Estate Research: A Survey [J]. *Journal of Real Estate Literature*, 1998, 6 (1): 13 – 25.

[142] Hofmann B. Bank lending and Property Prices: Some International Evidence [R]. HKIMR Working Paper, 2003 (22).

[143] Hochberg Y. V. Mühlhofer T. Market Timing and Investment Selection: Evidence from Real Estate Investors [J]. *Journal of Financial & Quantitative Analysis*, 2017 (52).

[144] Iacoviello M. Neri S. Housing Market Spillovers: Evidence from an Estimated DSGE Model [J]. *American Economic Journal: Macroeconomics*, 2010, 2 (2): 125 – 164.

[145] Iain Begg. Cities and Competitiveness [J]. *UrbanStudies*, 1999, 36 (5/6): 1101 – 1114.

[146] Kan K. The (geo) Politics of Land and Foreign Real Estate Invest-

ment in China: the Case of Hong Kong FDI [J]. *European Journal of Housing Policy*, 2017, 17 (1): 1 – 21.

[147] Kannan, P., P. Rabanal, A. M. Scott. Monetary and Macroprudential Policy Rules in a Model with House Price Booms [J]. *The B. E. Journal of Macroeconomics*, 2012, 12 (1): 1 – 44.

[148] Kim E., Ju J. Growth and Distributional Impacts of Urban Housing Supply: An Application of Urban Land Use and a CGE Model for Seoul [J]. *RURDS*, 2003, 15 (1): 66 – 81.

[149] Kumar E. S., Talasila V., Rishe N., et al. Location Identification for Real Estate Investment Using Data Analytics [J]. *International Journal of Data Science and Analytics*, 2019.

[150] Liu T. Y., Su C. W., Chang H. L., et al. Is Urbanization Improving Real Estate Investment? Across – regional Study of China [J]. *Review of Development Economics*, 2018.

[151] Mauck N., Price M. K. Determinants of Foreign Versus Domestic Real Estate Investment: Property Level Evidence from Listed Real Estate Investment Firms [J]. *Journal of Real Estate Finance & Economics*, 2017, 54 (1): 17 – 57.

[152] Meen G. P. Modeling Spatial Housing Markets: Theory, Analysis and Policy [M]. Boston/Dordrecht/London: Kluwer Academic Publishers, 2001.

[153] Meen G P. Regional Housing Prices and the Ripple Effect: A New Interpretation [J]. *Housing Studies*, 1999, 14 (6): 733 – 753.

[154] Miles, W. Housing Investment and the U. S. Economy: How Have the Relationships Changed [J]. *The Journal of Real Estate Research*, 2009, 31 (03): 329 – 350.

[155] Mills E. Has the United States over Invested in Housing? [J]. *Real Estate Economics*, 1987, 15 (01): 601 – 616

[156] Quigley J. M. Real Estate and Asian Crisis [J]. *Journal of Housing Economics*, 2001, 10 (2): 129 – 161.

[157] Quigley J. M. Real Estate Prices and Economic Cycles [J]. *Inter-

national Real Estate Review, 1999, 2 (01): 1-20.

[158] Richard Barras. The Real Estate Economy and Design of Russian Housing Reform [J]. *Urban Studies*, 1995 (32): 974-975

[159] Turin, D. A. The Construction Industry: Its Economicsignificance and Its Role in Development [M]. London: University College Environment Research Group, 1973.

[160] William Miles. Housing Investment and the U. S. Economy: How Have the Relationships Changed? [J]. *The Journal of Real Estate Research*, 2009 (09): 329-350.

[161] Wang C., Cohen J., Glascock J. L. Geographically Overlapping Real Estate Assets, Liquidity Spillovers, and Liquidity Multiplier Effects [J]. *Social Science Electronic Publishing*, 2018.

[162] Yunus N. Transmission of Shocks Across Global Real Estate and Equity Markets: An Examination of the 2007-2008 Housing Crisis [J]. *Applied Economics*, 2018, 50 (36): 1-24.

博士在读期间发表的科研成果

一、学术论文

[1] 景刚. 中国房地产投资对三次产业增长贡献研究 [J]. 东北财经大学学报, 2019 (02): 44-51. （第4章引用了该文观点与内容）

[2] 景刚, 王立国. 房地产投资对中国经济增长影响效应研究——基于31省市面板数据 [J]. 投资研究, 2019 (04): 80-92. （第6章引用了该文观点与内容）

[3] 景刚, 王立国. 房地产投资对经济增长空间溢出效应研究——基于31省市数据的面板空间模型 [J]. 经济问题探索, 2020 (03): 45-57. （第7章引用了该文观点与内容）

二、主持和参与课题

[1] 主持黑龙江省哲学社会科学研究规划项目"供给侧改革背景下黑龙江省一二三产业融合发展对策研究"（18GLD300）

[2] 参与国家社会科学基金重大项目"抑制产能过剩与治理重复建设对策研究"（09&ZD026）

[3] 参与国家社会科学基金一般项目"新常态下中国装备制造业海外并购风险异质性与预警机制研究"（16BGL020）

后　　记

　　时光荏苒，历时数载苦心经营，这部倾注我大量心血的作品即将完成，在此掩卷之际，难掩心中激动与忐忑，感叹时间太快，当下太珍贵！这其中既有学术艰辛的苦闷，又有学有小成的愉悦。在此期间攻读博士学位是我人生经历中的又一挑战，人到中年还需要为之拼搏和努力，身边人有赞赏有鼓励也有不解，自己有过为论文没有方向、没有创新而苦恼，也有过辛苦搜集的数据实证分析后不支持结论而郁闷，也曾一度有过想放弃博士毕业的想法，其中酸甜苦辣也只有经历过才能感受到，但所有这些都是我人生中的一段宝贵经历和财富，宝剑锋从磨砺出，梅花香自苦寒来，风雨过后，彩虹才更美。

　　房地产是当前人们最关心的话题之一，住房关系到每家每户，也算是我国政府宏观调控最多的行业。房地产投资对经济增长影响效应是结合自己博士专业和当前人们关心的话题而确定的一个研究方向，也是当前比较热门的研究议题，希望借此研究能够深入探析房地产投资对经济增长的影响机制、路径和机理，为政府制定调控政策提供依据和参考。

　　在本书写作过程中得到了很多老师、同学、朋友和家人的帮助和鼓励，在此深表谢意！

　　首先要感谢我的博士生导师王立国教授，是他在我迷茫时给我的鼓励和帮助。王老师学识渊博、治学严谨、为人和蔼，在本书写作过程中，大到框架，小到标点符号，王老师都是逐字逐句的帮助我修改和审订，可以说本书能够顺利完成与王老师的辛苦付出是分不开的，王老师严谨的治学理念使我受教一生，在此深表敬意！

有幸得到杜两省、宋维佳、林忠、庞明川、李岚、王晓姝等老师的指导，亦是我的荣幸之至，老师们牺牲了大量的节假日休息时间，客观指出了本书的不足之处，并提出了很多宝贵的修改意见和建议，不辞辛苦、不厌其烦的严谨学术态度值得我一生去学习。

最后应该感谢的是我的爱人，她在背后默默的支持和鼓励，是我得以完成学业的坚实后盾；还有我的父母和儿子，是他们的希冀给予我继续努力的动力。

学习无止境，科研亦无止境。路漫漫其修远兮，吾将上下而求索，在今后的学习和探索中我还需倍加努力！

景刚

2020 年 11 月于大连